Robert Junge

Potenziale und Chancen von Crowdfunding für Kulturbetriebe

Ein kulturwissenschaftlicher Ansatz

Diplomica Verlag GmbH

Junge, Robert: Potenziale und Chancen von Crowdfunding für Kulturbetriebe: Ein kulturwissenschaftlicher Ansatz. Hamburg, Diplomica Verlag GmbH 2013

Buch-ISBN: 978-3-8428-9636-9
PDF-eBook-ISBN: 978-3-8428-4636-4
Druck/Herstellung: Diplomica® Verlag GmbH, Hamburg, 2013

Bibliografische Information der Deutschen Nationalbibliothek:
Die Deutsche Nationalbibliothek verzeichnet diese Publikation in der Deutschen Nationalbibliografie; detaillierte bibliografische Daten sind im Internet über http://dnb.d-nb.de abrufbar.

© Diplomica Verlag GmbH
Hermannstal 119k, 22119 Hamburg
http://www.diplomica-verlag.de, Hamburg 2013
Printed in Germany

INHALT

1.	Einleitung	5
	1.1. Fragestellung	6
	1.2. Ablauf der Arbeit und Methodik	6
	1.3. Forschungsstand	9

I. THEORETISCHER TEIL

2.	Crowdsourcing - die Grundlage von Crowdfunding	9
	2.1. Das Internet als Wegbereiter von Crowdsourcing	10
	2.2. Crowdsourcing und Open-Source	11
	2.3. Massenbewegungen im Internet	13
	2.4. Folksonomy	15
3.	Angewandtes Marketing in sozialen Netzwerken und Online Communities	15
	3.1. Virales Marketing	17
4.	Crowdfunding	18
	4.1. Gegenleistungen	20
	4.2. Crowdfunding-Prozess	21
	4.3. Verschiedene Crowdfunding-Finanzierungsmodelle	23
	4.3.1. Spenden	23
	4.3.2. Sponsoring	24
	4.3.3. Vorauszahlung, Pre-Selling und Pre-Ordering	25
	4.3.4. Revenue Based Financing	25
	4.3.5. Micro-Kredite und Online Social Lending	25
	4.3.6. Micro-Equity	26

4.4. Die Crowdfunding-Bezahlsysteme 27

4.5. Crowdfunding in der Praxis 27

    4.5.1. allgemeine Erfolgsfaktoren 27

    4.5.2. Erfolgsfaktoren mit einem Intermediär 28

5. Der Kulturbetrieb 29

   5.1. Kulturfinanzierung 30

    5.1.1. Staatliche Kulturförderung in Deutschland 30

    5.1.2. Staatliche Kulturförderung in den USA 32

    5.1.3. Fundraising 32

    5.1.4. Kultursponsoring 34

6. Crowdfunding für Kulturbetriebe 37

II. EMPIRISCHER TEIL 39

7. Die Studie „Final Project: Crowd Funding and Cultural Production"
am Beispiel „Kickstarter" 40

   7.1. Die Plattform „Kickstarter" 40

   7.2. Die Studie 42

8. Die Studie „Entrepreneurial Finance and the Flat-World Hypothesis:
Evidence from Crowd-Funding Entrepreneurs in the Arts"
am Beispiel „SellaBand" 43

   8.1. Die Plattform „Sellaband" 43

   8.2. Die Studie 44

9. Die Studie „An Empirical Analysis of Crowdfunding" 46

10. Die „Crowdfunding Studie 2010/2011" 47

11. Die Studie „Der Monitor" von Für-Gründer.de:

„Entwicklungen von Crowd funding und Crowd investing in Deutschland"   52

12. Zwei Best-Practice-Beispiele des Musikbetriebs   53

    12.1.   Die Plattform „Startnext"   54

    12.2.   Best-Practice-Beispiel „Pretty Mery K"   55

    12.3.   Best-Practice-Beispiel „The Hirsch Effekt"   60

13. Ergebnisse   65

    13.1.   Transparenz und Vertrauen   65

    13.2.   Gegenleistungen   66

    13.3.   Die Kulturbereiche   66

    13.4.   Kommunikation   68

    13.5.   Ausblick   68

14. Literaturverzeichnis   70

15. Internetadressen   75

1. Einleitung

Um Kultur anzubieten und diese qualitativ und quantitativ absichern zu können, muss man sie zunächst finanzieren. Das Kultursystem der Bundesrepublik Deutschland gliedert sich grundlegend in drei Bereiche: den Bereich der öffentlichen Kultureinrichtungen, den privatwirtschaftlichem Kultursektor und den gemeinnützigen Kulturbereich.[1] Besonders der privatwirtschaftliche und der gemeinnützige Bereich sind in der Vergangenheit im Fokus der Forschung gewesen.[2] Jedoch müssen auch in öffentlichen Betrieben - im Hinblick abnehmender Leistungen durch Staat, Länder und Kommunen - in Zukunft vermehrt Gelder aus dem privaten Wirtschaftsbereich beansprucht werden.[3] Generell scheinen im privaten Kultursektor noch Ressourcen zu liegen, die nun mit modernen Methoden ergründet werden.

In dieser Studie soll ein sehr junges Phänomen beschrieben werden, welches sich vereinfacht wie folgt erklärt: Viele Menschen können durch kleine monetäre Unterstützungen große Geldbeträge zusammentragen. Dieses Phänomen nennt sich „Crowdfunding".

Es sollen die Potenziale und Chancen von Crowdfunding für Kulturbetriebe erörtert werden. Auch wenn Crowdfunding, wie dem Namen zu entnehmen ist, in erster Linie eine angelsächsische Erscheinung ist, gilt der Fokus dieser Arbeit den deutschen Kulturbetrieben und vor allem den deutschen Crowdfunding Plattformen. Im Rahmen der vorliegenden Arbeit soll geklärt werden, inwieweit Crowdfunding Kulturprojekte finanzieren kann und was zur erfolgreichen Durchführung eines Crowdfunding Projekts erforderlich ist.

---

[1] vgl.: Grafik auf Seite 22 der vorliegenden Arbeit.
[2] vgl.: z.B. Lissek-Schütz, Ellen: Kulturfinanzierung in privater Hand – das Beispiel USA. in: Heinze, Thomas: Kulturfinanzierung. Sponsorship, Fundraising, Public-Private-Partnership. Münster 1999. S. 217f. / Gahrmann, Christian: Strategisches Fundraising. Wiesbaden 2010. S. 1.
[3] vgl.: Bendixen, Peter/Heinze, Thomas: Kultur und Wirtschaft: Perspektiven gemeinsamer Innovation. in: Heinze, Thomas: Kulturfinanzierung: Sponsorship, Fundraising, Public-Private-Partnership. Münster 1999. S. 13.

1.1. Fragestellung

Hauptgegenstand dieser Arbeit ist die Frage:

- Welche Chancen und Möglichkeiten bietet Crowdfunding um Kulturbetriebe finanziell zu unterstützen bzw. zu finanzieren?

Zur Lösung dieser Frage sollen folgende Teilfragen beitragen:

- Was sind die Kriterien für Crowdfunding?
- Welche Kulturbereiche eignen sich für Crowdfunding?
- Welche Kommunikationsmittel führen zum Erfolg?
- Welche sonstigen Faktoren beeinflussen den Crowdfunding-Prozess?

1.2. Ablauf der Arbeit und Methodik

Die hier vorliegende Arbeit gliedert sich grundlegend in zwei Teile: einem theoretischen Teil und einem empirischen Teil.

Im ersten Teil soll zunächst der theoretische Hintergrund und der thematische Überblick dargelegt werden, um das Phänomen Crowdfunding verstehen zu können.

Die Idee des Crowdfunding hat ihren Ursprung in der Idee des Crowdsourcing. Beim Crowdsourcing werden die Potenziale von vielen Menschen genutzt, um Ideen und Inhalte zu generieren. Im Abschnitt „Crowdsourcing - die Grundlage von Crowdfunding" werden daher die Grundlagen und die Entwicklung von Crowdsourcing aufgezeigt. Da dieses Prinzip mit den technischen und ideellen Neuerungen des Internets einhergeht, werden dazu auch die grundlegenden Begrifflichkeiten erläutert. Es sollen auf diese Weise geschichtliche Abläufe skizziert werden, die den Weg zum heutigen Crowdfunding geebnet haben. Daher wird auch ein Abschnitt dem Thema „Massenbewegungen im Internet" gewidmet.

Im nächsten Schritt werden Methoden und Grundlagen des Online-Marketings, hinsichtlich der Verwendung für das Crowdfunding, dargelegt. Denn das gezielte

Marketing über Internetplattformen stellt eine der Hauptaufgaben und Herausforderungen bei der praktischen Umsetzung von Crowdfunding-Strategien dar. Die wichtigsten Faktoren, die hinsichtlich der Fragestellung erörtert werden müssen, sind: zielgerichtete Kommunikation über Social-Media-Plattformen und die für Crowdfunding-Aktionen geeigneten Instrumente des Online-Marketings.

Schließlich wird das Thema Crowdfunding selbst vorgestellt und analysiert. Es werden dabei, nachdem der Begriff und die Bedeutung von Crowdfunding erläutert worden sind, die Crowdfunding-Faktoren Gegenleistungen, Crowdfunding-Prozess, Finanzierungsmodelle, Bezahlsysteme und Erfolgsfaktoren aufgezeigt. So wird ein Überblick über das gesamte Thema Crowdfunding geschaffen, welcher sich zu großen Teilen an der 2011 erschienenen Veröffentlichung von Joachim Hemer orientiert.[4]

Im nächsten Abschritt wird schließlich dargelegt, welche Definition von Kulturbetrieb in der Arbeit verwendet wird und in welche Bereiche sich die Kulturbetriebe aufteilen. Dabei soll auch ein Überblick über herkömmliche Finanzierungsmodelle für Kulturbetriebe hergestellt werden, um später das Modell Crowdfunding in diesen Kontext einreihen zu können. Es sollen dabei zunächst knapp die staatliche Kulturförderung und anschließend die Methoden Fundraising und Kultursponsoring beleuchtet werden.

Die Ergebnisse und begrifflichen Abgrenzungen der theoretischen Untersuchung werden daraufhin in einem letzten Teilabschnitt zusammengefasst.

Nachdem die Grundlagen geschaffen worden sind, schließt sich nun der empirische Teil der Arbeit an. Dieser Teil gliedert sich wiederum in zwei Teile. Der erste Teil widmet sich insgesamt fünf quantitativen Studien zum Thema Crowdfunding mit unterschiedlichen Zielstellungen.

Die erste Studie „Final Project: Crowd Funding and Cultural Production" von Jessica Sanfilippo[5] untersucht das Spendenverhalten und Motivationen von Unterstützern im Wechselspiel mit der künstlerischen Produktion. Die zu untersuchenden Beispiele, die

---

[4] Hemer, Joachim: Crowdfunding und andere Formen informeller Mikrofinanzierung in der Projekt- und Innovationsfinanzierung. Stuttgart 2011.
[5] Sanfilippo, Jessica: Final Project: Crowd Funding and Cultural Production. http://cyber.law.harvard.edu/is2011/sites/is2011/images/Jsanfilippo_Final_Project_V2.pdf (zuletzt gesehen am 13.11.2012)

hier herangezogen wurden, sind alle auf der amerikanischen Plattform „Kickstarter"
eingestellt worden. Daher wird dazu zunächst eine kurze Präsentation dieser Plattform
erfolgen.

Die zweite Studie „Entrepreneurial Finance and the Flat-World Hypothesis: Evidence
from Crowd-Funding Entrepreneurs in the Arts" von Agrawal et al[6] untersucht
allgemeine Faktoren von Crowdfunding und im Speziellen den Zusammenhang
zwischen Spendenverhalten und räumlichen Gegebenheiten zwischen Unterstützer und
Projektinitiator am Beispiel der Plattform „SellaBand". Es wird daher auch hier als
Einleitung eine kurze Vorstellung der Plattform angeführt.

Die darauffolgenden Studien „An Empirical Analysis of Crowdfunding" von
Lambert/Schwienbacher[7], die *„Crowdfunding Studie 2010/2011"* des ikosom Instituts[8]
und *„Der Monitor"* von Für-Gründer.de[9] erheben statistisch ausgewertete Daten
allgemeiner Crowdfunding-Faktoren wie Kommunikation, Unterstützerverhalten und
Unterstützerbeträge. Die Daten sollen einen Einblick in die Entwicklung und in die
Potenziale von Crowdfunding als Finanzierungstechnik liefern.

Der zweite Teil des empirischen Bereichs widmet sich zwei deutschen Crowdfunding-
Projekten, die als Best-Practice-Beispiele zur qualitativen Analyse des Crowdfunding-
Prozesses dienen. Dafür wurden zwei Beispiele aus dem Musikbetrieb gewählt, um
diese anhand ähnlicher Kriterien miteinander vergleichen zu können. Beide Beispiel-
Projekte wurden auf der größten deutschen Crowdfunding-Plattform Startnext gestartet.
Zur Analyse wurden die Initiatoren der Musikprojekte interviewt, deren
Facebookprofile und die Profile auf Startnext ausgewertet. Im Vordergrund stand die
Auswertung der Kommunikationsmittel im zeitlichen Verlauf der Crowdfunding-
Aktion.

---

[6]   Agrawal, Ajay/Catalini, Christian/Goldfarb, Avi: Entrepreneurial Finance and the Flat-World
      Hypothesis: Evidence from Crowd-Funding Entrepreneurs in the Arts.
      http://www.netinst.org/Agrawal_Catalini_Goldfarb_10-08.pdf (zuletzt gesehen am 13.11.2012)
[7]   Lambert, Thomas/Schwienbacher, Armin: An Empirical Analysis of Crowdfunding.
      (http://ssrn.com/abstract=1578175 / zuletzt gesehen am 08.11.2012)
[8]   Eisfeld-Reschke, Jörg/Wenzlaff, Karsten: Crowdfunding Studie 2010/2011. Untersuchung des
      plattformbasierten Crowdfundings im deutschsprachigen Raum Juni 2010 bis Mai 2011. Berlin 2011.
[9]   Für-Gründer.de-Monitor. Crowd funding und Crowd investing in Deutschland. Stand 30. September
      2012. http://www.fuer-gruender.de/kapital/eigenkapital/crowd-funding/monitor (zuletzt gesehen am
      13.11.2012)

1.3. Forschungsstand

Der folgende theoretische Teil der vorliegenden Arbeit legt gleichzeitig den Forschungsstand zum Thema Crowdfunding dar. In der deutschsprachigen Forschung fand das Thema Crowdfunding bislang sehr wenig Beachtung. Daher werden zur Untersuchung in der vorliegenden Arbeit vor allem englischsprachige Fachartikel und Online-Publikationen herangezogen.

Das Thema Crowdfunding wird in der vorliegenden Arbeit hauptsächlich anhand der Ergebnisse der Arbeit „Crowdfunding und andere Formen informeller Mikrofinanzierung in der Projekt- und Innovationsfinanzierung" von Joachim Hemer untersucht.

Die Verbindung der beiden Themen Crowdfunding und Kulturbetriebe wurde, nach bestem Wissen des Verfassers, bislang noch nicht in dieser Form bearbeitet und wird daher in der hier vorliegenden Arbeit zum ersten Mal behandelt.

II. THEORETISCHER TEIL

2. Crowdsourcing als Grundlage von Crowdfunding

Um Crowdfunding zu verstehen, muss man zunächst das Phänomen Crowdsourcing näher beleuchten. Es bedeutet kurzum das Schaffen von Inhalten durch die „Crowd", die Masse. Der Begriff Crowdsourcing stammt aus einer Verbindung der englischen Wörter „Outsourcing" und „Crowd".[10] Kleemann definiert Crowdsourcing als offenes Anfragen bzw. Ausschreiben von Problemstellungen durch Unternehmen über das Internet, mit der Absicht der kostengünstigen oder sogar kostenfreien Lösung der Probleme durch ausgelagerte „Mitarbeiter".[11]

Kennzeichnend für diese Entwicklung ist, dass Inhalte nicht mehr nur passiv konsumiert werden, sondern vielmehr der Konsument auch zum aktiven Produzenten wird, der

---

[10] vgl.: Hemer. S. 17.
[11] vgl.: Kleemann, Franj/Voß, Günther/Rieder, Kerstin: Crowdsourcing und der Arbeitende Konsument. in: Arbeits- und Industriesoziologische Studien. Jg. 1. heft 1. Mai 2008. S. 9.

eigene Inhalte beisteuert. Howe benutzte als Ausdruck der Verschmelzung von Konsument und Produzent den Begriff „Prosument".[12] Dieser Begriff wurde erstmals von Toffler geprägt.[13] Demnach ist der ursprüngliche Prosument der Agrargesellschaft[14] ein Produzent, der seine eigenen Produkte auch konsumiert. Mit dem Aufkommen der Industriegesellschaft wurden die Lager der Konsumenten und Produzenten dann stetig voneinander getrennt.[15]

Seit den 1970er-Jahren ist im Zuge emanzipatorischer Bewegungen und Protestbewegungen die Tendenz zu mehr Mitsprache und die Kritik an der „Macht der Professionen" enorm gestiegen, welche in zunehmenden Maße zum Wandel des Konsumverhaltens führte.[16] Vor allem in den Bereichen Medizin, Bankenwesen und Kommunikation zeichnet sich eine Aktivierung der Kunden zum eigenen Handeln ab.[17] Es ist eine Entwicklung, die von beiden Seiten - von den Unternehmen und von den Konsumenten - vorangetrieben wurde, in welcher der Kunde aktiv ist und sich an der Wertschöpfung des Unternehmens beteiligt.[18] Im folgenden Teil der Arbeit soll diese Entwicklung vor allem in Hinsicht auf die neuen Formen und Möglichkeiten der Kommunikation durch das Internet weiter ausgeführt werden.

2.1. Das Internet als Wegbereiter von Crowdsourcing

Die Entwicklung des Crowdsourcing-Gedankens zeigt gleichermaßen auch die Entwicklung des Internets selbst. So erlebte dieses seit dem Finanzcrash im Jahre 2000 gravierende Veränderungen, infolgedessen man gar von einem „Web 2.0" sprach.[19] Zum einen wurden durch technische Verbesserungen die Datenübertragungsraten höher

---

[12] vgl.: Howe, Jeff: Crowdsourcing. Why th Power of the crowd is driving the future of business. New York 2008. S. 4.
[13] vgl.: Toffler, Alvin: The third wave. New York 1980. S. 282ff.
[14] Toffler verwendet die Einteilung in drei „Wellen"
[15] vgl.: Toffler. S. 284.
[16] vgl.: Voss, Günter/Rieder, Kerstin: Der arbeitende Kunde. Wenn Konsumenten zu unbezahlten Mitarbeitern werden. Frankfurt a.M./New York 2005. S. 50.
[17] vgl.: Voss/Rieder. S. 53ff.
[18] vgl.: ebd. S. 13.
[19] vgl. zu „Web 2.0": Alby, Tom: Web 2.0: Konzepte, Anwendungen, Technologien. München/Wien 2007. und Behrendt, Jens/Zeppenfeld, Klaus: Web 2.0. Berlin/Heidelberg 2008.

und die Anschlüsse günstiger.[20] Vor allem aber wurden neue Plattformen geschaffen, die benutzerfreundlicher waren und die Nutzer aktiver einbezogen als vorher. Diese neue Interaktivität der sogenannten „Social Software"[21] bot ganz neue Möglichkeiten der Kommunikation und Mitarbeit zwischen Kunden und Unternehmen bzw. zwischen Konsumenten und Produzenten.

Eine grundlegende Neuerung waren die sogenannten Web Logs (kurz: Blogs), mithilfe denen es auch Laien möglich wurde, auf vereinfachte Art und Weise Inhalte zu veröffentlichen. Man kann auf einem Blog verschiedenste Artikel verfassen und darin auch Bild-, Video- und Sounddateien veröffentlichen. Diese Artikel können dann wiederum von den Lesern kommentiert werden. So entstand schnell ein reger Austausch von Autoren und Lesern und man spricht daher von einer eigenen „Blogossphäre".[22] Die Vernetzung wird zusätzlich verstärkt, indem man wechselseitig Inhalte von anderen Plattformen verlinkt. Plattformen wie „YouTube"[23], auf der selbstgemachte Videos hochgeladen werden können, und „FlickR"[24], auf der man Fotos veröffentlichen kann, ermöglichten es jeder Person mit Internetanschluss eigene multimediale Inhalte zu veröffentlichen.

Das berühmteste Beispiel aus dem wissenschaftlichen Bereich ist „Wikipedia"[25]. Es handelt sich dabei um eine Online-Enzyklopädie auf der man nach erfolgreicher Anmeldung wissenschaftliche Lexikoneinträge verfassen kann. Mittlerweile ist Wikipedia die größte Enzyklopädie weltweit, was von der enormen Bedeutung solcher, von Nutzern generierten Inhalten, zeugt.[26]

2.2. Crowdsourcing und Open-Source

Die Ursprünge für das Crowdsourcing gründen vor allem in der Open-Source-Idee. Dieses Open-Source-Prinzip wurde erstmals in der Softwareentwicklung angewandt.

---

[20] vgl.: Alby. S. 3ff.
[21] vgl. zu „Social Software": Stegbauer, Christian/Jäckel, Michael: Social Software. Formen der Kooperation in computerbasierten Netzwerken. Wiesbaden 2008. S. 7.
[22] vgl.: Alby. S. 28ff.
[23] vgl.: www.youtube.com
[24] vgl.: www.flickr.com
[25] vgl.: www.wikipedia.com
[26] vgl.: Tapscott, Don/Williams, Anthony: Wikinomics. Die Revolution im Netz. München 2007. S. 71.

Das wohl bekannteste Beispiel ist das Betriebssystem Linux, welches von vielen, voneinander unabhängigen Programmierern weiterentwickelt und verbessert wurde, anstatt von einer zentralen Firma wie Microsoft in Auftrag gegeben zu werden.[27] Inzwischen haben auch größere Firmen die Vorteile im kollektiven Lösen von Problemen erkannt und nutzen beispielsweise die Plattform „InnoCentive", auf der Firmen die Lösung einer Problemstellung ausschreiben können. Für die Bearbeitung und Lösung des Problems wird ein Preisgeld ausgezahlt. Auch andere Firmen haben bereits das Potenzial der Intelligenz der Masse erkannt und nutzen Onlineforen zur Diskussion von Problemen und zur Lösungsfindung.[28] Das Besondere an der Open-Source-Idee ist, dass zum Beispiel für viele Softwareprogrammierer nicht das Geld, sondern vielmehr das gemeinsame Ziel, dessen Lösung und das Vorankommen der Community im Vordergrund stehen.[29] Doch Open-Source und Crowdsourcing ist nicht dasselbe. Ein entscheidender Unterschied ist, dass beim Crowdsourcing die ursprüngliche Idee von einem Auftraggeber ausgeht, währenddessen die Idee bei Open-Source-Projekten meist von einer Menge von Nutzern generiert wird. Es handelt sich also um eine direkt genutzte und ökonomisch verwertbare Leistung. Für die Unternehmen entsteht mithilfe des Crowdsourcings ein erheblicher Nutzen durch die Auslagerung der einzelnen Aufgaben an eine große Zahl von Privatpersonen, die wiederum ihre fachliche Expertise bereitstellen.[30] Die Unternehmen können von der neuen Offenheit, Kollaborations- und Partizipationsmöglichkeit profitieren.[31]

Doch wieso sollten viele verteilte Individuen Aufgaben besser lösen können als ein traditionelles Team einer Firma? Dieser Frage hat sich Surowiecki in dem Buch „The Wisdom of Crowds" gewidmet, in dem er verschiedene Fälle empirisch untersucht, in denen Firmen Lösungen von Problemen durch die Weisheit der Vielen erreichen. Er kommt zu dem Schluss, dass der entscheidende Vorteil dieser Methode darin liegt, nicht durch Mittelung zur Problemlösung zu kommen, sondern durch Aggregation. Also nicht der Mittelwert aller Lösungsvorschläge, welcher dementsprechend auch nur

---

[27] vgl.: Howe. S. 8.
[28] vgl.: ebd. S. 16f.
[29] vgl.: ebd. S. 15.
[30] vgl.: Hemer. S. 17.
[31] vgl.: Lambert/Schwienbacher. S. 5.

mittelmäßig sein kann, sondern der intelligenteste aller Vorschläge von einem der vielen Individuen trägt zur besten Lösung bei.[32] Diese These unterstützend erweitert sie Brabham um den Faktor der Vielfalt.[33] Diese Vielfalt entsteht durch die Dezentralisierung des Internets, in dem Nutzer mit unterschiedlichen kulturellen Wurzeln und ohne geografische Grenzen zueinanderfinden. Dadurch können sie zeitgleich oder asynchron zur Aggregation von Lösungen beitragen.

Die verschiedenen Typen von Crowdsourcing werden bei Kleemann zusammenfassend aufgelistet: Beteiligungen von Konsumenten an der Gestaltung und Entwicklung von Produkten, Produktdesign, Ausschreibung spezifischer Aufgaben oder Problemstellungen, offene Ausschreibungsstrukturen und Berichterstattungen, Produktbewertungen, Konsumprofile, Peer Support durch Unternehmen, Mass-Customization, Schaffung von Marktplätzen und Open-Source-Projekte.[34]

Crowdfunding wird dieser Definition zufolge nicht direkt als Unterklasse des Crowdsourcings eingeordnet, sondern steht für sich. Jedoch enthält Crowdfunding den gleichen Grundgedanken, ein Produkt durch die freiwillige Unterstützung von Verbrauchern zu verbessern bzw. zu entwickeln - jedoch mithilfe finanzieller statt ideeller Ressourcen.[35]

2.3. Massenbewegungen im Internet

Unter einer Masse versteht man nach Geiger eine theoretisch „unbegrenzte Vielzahl als untereinander gleichartig betrachteter Einheiten, die wegen ihrer Gleichartung nicht als Einzelheiten unterschieden werden".[36]

Phänomene, die aus einer solchen Masse heraus entstehen können, sind oftmals kollektive Handlungen oder Verhaltensweisen - wie zum Beispiel Modetrends,

---

[32] vgl.: Surowiecki, James: The Wisdom of Crowds. New York 2004. S. 11.
[33] vgl.: Brabham, Daren: Crowdsourcing as a Model for Problem Solving. An Introduction and Cases. in: Convergence: The international Journal of Research into New Media Technologies. Convergence 2008 14: 75. http://con.sagepub.com/content/14/1/75 (gesehen am 08.11.2012). S. 81.
[34] vgl.: Kleemann. S. 14f.
[35] vgl.: Lambert/Schwienbacher: S. 4.
[36] Geiger, Theodor Julius: Die Masse und ihre Aktion. Ein Beitrag zur Soziologie der Revolutionen. Stuttgart 1926. S. 1.

Massenbewegungen, Hypes, die in drei Phasen ablaufen.[37] Die erste Phase wird als Initiationsphase bezeichnet. In dieser Phase stehen anfangs wenige vereinzelte Initiatoren, die eine Neuerung auslösen, welche dann von Medien, Meinungsmachern oder Politikern verstärkt wird und durch diese zunehmend neue Akteure animiert werden.[38] In der zweiten Phase, der Propagationsphase, treten immer mehr Akteure auf, die die Handlungen der vorangehenden Akteure imitieren und dieser „Bewegung" folgen. Dieser Prozess wird als soziale Ansteckung bezeichnet.[39] Diese Ansteckung einer solchen Bewegung kann soweit verlaufen, dass sie den Punkt der sogenannten „Critical Mass" erreicht, an dem sie nicht mehr aufzuhalten ist.[40] Die Bewegung verläuft dann, ähnlich wie bei einer atomaren Kettenreaktion, exponentiell und immer schneller. Wenn der Höhepunkt dieser Bewegung erreicht ist, endet sie in der letzten, der Terminationsphase. Die Euphorie ist gesättigt, und die Bewegung ist ziemlich schlagartig am Ende.[41]

Wenn man diese Phänomene realer Massen nun mit den Möglichkeiten von Massenbewegungen in der Online-Welt vergleicht, erkennt man viele Parallelen. Beide haben die Initiationsphase und Propagationsphase. Jedoch kommt es bei den Online-Massenbewegungen in der Initiationsphase besonders auf die Qualität des Inhalts und auf die Benutzerfreundlichkeit und Simplizität der Schnittstelle an.[42] Ein erheblicher Vorteil der Online-Massenbewegungen besteht in der größeren Reichweite. Über Tagging, Blogs und Kollaborationen zwischen den sozialen Netzwerken können sehr viele Leute erreicht werden und auch soziale Komponenten und Emotionen besser und schneller weitergegeben werden. Es ist die Phase der Amplifikation, die einen deutlichen Vorteil der Online-Massenbewegungen, im Gegensatz zu Massenbewegungen der realen Welt, darstellt.[43]

---

[37] vgl.: Russ, Christian: Online Crowds – Extraordinary Mass Behavior on the Internet. Proceedings of I-MEDIA '07 and I-SEMANTICS '07, September 2007. http://papers.ssrn.com/sol3/papers.cfm?abstract_id=1620803 (gesehen am 13.11.2012). S. 66.
[38] vgl.: ebd. S. 67.
[39] vgl.: ebd.
[40] vgl.: ebd.
[41] vgl.: Russ. S. 68.
[42] vgl.: ebd. S. 69.
[43] vgl.: ebd..

2.4. Folksonomy

Daten wurden im Internet ursprünglich hierarchisch kategorisiert. Es gab Kategorien und die jeweiligen Unterkategorien, um Begriffe einordnen zu können. Dieses Verfahren nennt man Taxonomy, und es stammt ursprünglich aus der Biologie.[44] Doch das Surfverhalten wurde zunehmend durch das Nutzen von Suchmaschinen wie Google bestimmt, bei dem der Nutzer nach bestimmten Begriffen sucht. Die hierarchischen Kategorisierungen und Klassifikationssysteme wurden größtenteils durch einzelne Begriffe auf einer Ebene abgelöst.[45] Diese Begriffe werden Tags genannt. Somit können beispielsweise ein Foto und dessen abgebildete Objekte auf FlickR oder ein Artikel in einem Blog mit Tags versehen und dadurch leichter gefunden werden. Die Tags werden meist von ihrem Urheber erstellt und, wenn dies technisch möglich ist, auch von fremden Benutzern erweitert. Es entsteht dann ein von Benutzern selbst geschaffene Sammlung von Tags, welches in Anlehnung an die Taxonomy „Folksonomy" genannt wird.[46]

Dieses Prinzip der Kategorisierung wird auch auf den Crowdfunding-Plattformen und in den sozialen Netzwerken verwendet. Es soll daher zum besseren Verständnis des folgenden Teils dienen, welcher sich mit dem Online-Marketing beschäftigt.

3. Angewandtes Marketing in sozialen Netzwerken und Online-Communities

Durch Social Networks und Online-Communities können sich vor allem einzelne Personen und Gruppen vernetzen und austauschen. Aber auch Unternehmen und Kulturschaffende können zum Beispiel Gruppen oder „Fanseiten" einrichten, um eine eigene Community aufzubauen und gezielt mit ihren Kunden oder Fans zu kommunizieren.[47] Kommunikation und Zusammenarbeit ist somit ein Hauptaspekt

---

[44] vgl.: Alby. S. 115.
[45] vgl.: ebd. S. 121.
[46] vgl.: ebd.
[47] vgl.: Janner, Karin: Blog, Facebook, Twitter, YouTube – was soll ich nutzen? Orientierung im Dschungel der Tools. in: Janner, Karin/Holst, Christian/Kopp, Axel: Social Media im Kulturmanagement. Grundlagen. Fallbeispiele. Geschäftsmodelle. Studien. Heidelberg/München/Landsberg/Frechen/Hamburg 2011. S. 37.

sozialer Netzwerke. Sie sollten zudem immer auch von der Community selbst reguliert werden.[48]

Zurzeit ist Facebook mit 1 Mrd. aktiven Nutzern (Stand: Oktober 2012) und davon 552 Mio. täglichen Nutzern (Stand: Juni 2012) das weltweit verbreitetste soziale Netzwerk.[49] In Deutschland gibt es 24,6 Mio. aktive Nutzer mit steigender Tendenz.[50] Facebook hat somit unter den sozialen Netzwerken derzeit das größte Potenzial eine große Menge von Menschen anzusprechen und diese über Produkte oder Aktionen zu informieren. Der Schwerpunkt im empirischen Abschnitt dieser Arbeit soll daher auch auf Facebook liegen.

Ein weiteres soziales Netzwerk ist die Plattform „Twitter"[51]. Hier können die Nutzer in sogenannten „Tweets" Kurznachrichten versenden, die nicht länger als 140 Zeichen sein dürfen.[52] Das System ist weniger komplex als andere soziale Netzwerke. Wer Nachrichten von einem bestimmten Autor empfangen will, muss die „Tweets" auf dessen Seite abonnieren.[53] Nachrichten, die besonders interessant erscheinen, können durch „Retweets" anderer Nutzer weiter verbreitet werden und somit durch eine Art „Schneeballeffekt" sehr schnell sehr viele Menschen erreichen.[54]

Den Prozess der gezielten Kundenansprache und der Werbung für Produkte oder Dienstleistungen über soziale Netzwerke, die über andere Kanäle nicht möglich wäre, nennt man „Social-Media-Marketing".[55] Im Folgenden werden die Instrumente und deren Chancen für einen erfolgreichen Social-Media-Marketing-Mix aufgeführt, welche gerade für Crowdfunding interessant sind.

Das erste Social-Media-Instrument ist der Blog. In einem Blog können Unternehmen und Kulturschaffende frühzeitig Produkte vorstellen und in einen proaktiven Dialog mit den potenziellen Kunden und Interessenten treten.[56] Man kann durch Blogs gleichzeitig über Produkte informieren und Rückmeldungen und Verbesserungsvorschläge erhalten.

---

[48] vgl.: Alby. S. 89.
[49] vgl.: Facebook Newsroom: http://newsroom.fb.com/content/default.aspx?NewsAreaId=22
[50] vgl.: http://allfacebook.de/zahlen_fakten/deutschland-oktober-2012/#more-25456
[51] www.Twitter.com
[52] vgl.: Janner. S. 38.
[53] vgl.: ebd.
[54] vgl.: ebd. S. 40f.
[55] vgl.: Lammenett, Erwin: Praxiswissen Online-Marketing. Suchmaschinenmarketing, Online-Werbung, Affiliate- und E-Mail-Marketing, Social Media, Online-PR. Wiesbaden 2012. S. 239.
[56] vgl.: ebd. S. 243.

Mit RSS-Feeds können die Blogbeiträge zudem automatisiert mit anderen Netzwerken - wie Facebook oder Twitter - verbinden und somit eine höhere Aufmerksamkeit erreichen.[57] Ein Nebeneffekt dieser „natürlichen" Vernetzungen ist die gesteigerte Auffindbarkeit bei Suchmaschinen, wie z.B. Google[58], welche wiederum höhere Zugriffszahlen für die Internetseite einbringt.[59]

Ein weiteres Werkzeug sind die „Social-Bookmark-Netzwerke". In diesen Netzwerken können die Nutzer Links als Lesezeichen speichern, aber auch kommentieren und bewerten.[60] Durch dieses gemeinschaftliche Indexieren entsteht ein Netz an Informationen, welches man dezentral abrufen, verändern und anpassen kann. Die bekanntesten Anbieter dieses Services sind „Del.icio.us"[61], „Digg"[62] und „StumbleUpon"[63]. „Social Bookmarks" leisten somit, wenn man sie nicht übertrieben, sondern gezielt einsetzt, einen Beitrag zur Bekanntmachung einer Website.[64]

3.1. Virales Marketing

Unter dem Begriff des Viralen Marketings wird die persönliche Weitergabe von Informationen unter Konsumenten durch Mundpropaganda verstanden.[65] Das Wort „viral" ist aus der Sprache der Medizin entlehnt und verweist auf die exponentielle Ausbreitung von Viren. Wie ein Grippevirus sollen sich demzufolge Informationen zu Produkten oder Dienstleistungen von Mensch zu Mensch verbreiten und so „soziale Epidemien" auslösen.[66] Für die exponentielle Ausbreitung der Informationen wird das Internet als ausschlaggebender Indikator angesehen.[67] Stenger liefert folgende

---

[57] vgl.: Janner. S. 30.
[58] www.Google.com
[59] vgl.: Lammenett. S. 244.
[60] vgl.: ebd. S. 247.
[61] http://delicious.com/
[62] http://digg.com/
[63] http://www.stumbleupon.com/
[64] vgl.: Lammenett. S. 248.
[65] vgl.: Stenger, Daniel: Virale Markenkommunikation. Einstellungs- und Verhaltenswirkungen viraler Videos. Gießen 2011. S. 28.
[66] vgl.: Langner, Sascha: Viral Marketing. Wie Sie Mundpropaganda gezielt auslösen und Gewinn bringend nutzen. Wiesbaden 2009. S. 27.
[67] vgl.: Stenger. S. 28.

zusammenfassende Definition für den Begriff:

„Virales Marketing beschreibt alle Strategien und Techniken, um Konsumenten zu motivieren, Produkte, Dienstleistungen oder Botschaften freiwillig an Personen in ihrem Onlinenetzwerk zu verbreiten, um auf diese Weise das Potenzial für eine exponentielle Ausbreitung zu schaffen. "[68]

Virales Marketing tritt in aktiver und passiver Form auf.[69] Beim aktiven viralen Marketing wird der Konsument selbst aktiv und verbreitet die Information aus eigenem Antrieb weiter. In der passiven Variante wird die Information, dass ein Kunde ein Angebot nutzt, durch die Nutzung des Angebots weitergegeben – also nicht direkt von Konsument zu Konsument, sondern indirekt durch das spezifische Angebot.[70]
Die Vorteile des Online-Marketings im Gegensatz zum Offline-Marketing sind:

- hohe Geschwindigkeiten zur Übertragung von Informationen und schnelles Erreichen der kritischen Masse
- überwiegend visuell, weniger verbal
- asynchrone Empfänger- und Absenderzeit, individuell bestimmbar
- geringer Aufwand zwischen Kommunikationspartnern
- Nachricht kann einfach multipliziert und weitergeleitet werden[71]

4. Crowdfunding

Crowdfunding ist eine Finanzierungsmethode, um verschiedenste Arten von Projekten und Unternehmungen finanziell zu unterstützen oder komplett zu finanzieren. Wie der Name bereits zu verstehen gibt, tritt hierbei die „Crowd" (dt. Masse) als Geldgeber auf. Im Gegensatz zum herkömmlichen Fundraising oder anderen Finanzierungsmethoden wie Beteiligungen durch Business Angels oder Risikobeteiligungen, bei denen meist

---

[68] ebd.
[69] vgl.: Langner. S. 30f.
[70] vgl.: Langner. S. 31.
[71] vgl.: ebd. S. 33.

wenige zahlungskräftige Investoren mit hohen Beträgen investieren, werden beim Crowdfunding kleine Beträge durch eine größere Masse an Menschen gegeben.[72] Man spricht auch teilweise von Mikrofinanzierung.[73] Der Begriff als solcher tritt erstmals 2006 im Blog „fundavlog" von Michael Sullivan auf.[74]

Die Idee des Crowdfunding ist jedoch nicht unbedingt neu: Bereits Mozart und Beethoven finanzierten ihre Premieren oder Kompositionsdrucke durch sogenannte „a-priori-Subskriptionen", bei denen eine festgelegte Anzahl an Subskribienten Zahlungen an die Komponisten vollzogen und dafür gewisse Privilegien als Gegenleistung bekamen.[75] Ein weiteres Beispiel frühzeitigen Crowdfundings ist der Bau des Sockels der Freiheitsstatue in New York, welcher - gefolgt durch einen Aufruf der New York Times - ebenfalls durch viele Spender finanziert wurde. Im Gegenzug wurden die Namen der Spender in der Zeitung genannt.[76]

Laut einer Crowdfunding-Studie durch Ikosom werden zum größten Teil Kreativ- und Unterhaltungsprojekte, wie Musikalben, Filme, Veranstaltungen und Bücher, durch Crowdfunding finanziert.[77] Weitere Felder sind Unternehmungsgründungen, die durch Crowdfunding in der sogenannten Early Gap Stage, also der Finanzierungslücke in der frühen Gründungsphase, unterstützt werden können. Zwischen der Unternehmung und den potenziellen Geldgebern können intermediäre Dienstleister agieren, die den monetären und informellen Austausch auf professioneller Ebene übernehmen. Es handelt sich dabei um Online-Plattformen, und man bezeichnet diese Form als indirektes Crowdfunding.[78] Bekannte Beispiele solcher Dienstleister sind „Fundable"[79], „Kickstarter"[80], „SellaBand"[81] und die deutschen Plattformen „Startnext"[82] und „seedmatch"[83]. In Hemer et al. werden die folgenden Crowdfunding-Finanzierungsinstrumente klassifiziert:

---

[72] vgl.: Lambert/Schwienbacher. S. 2.
[73] vgl.: Hemer. S. 1.
[74] vgl.: ebd. S. 17.
[75] vgl.: ebd. S. 19.
[76] vgl.: Hemer. S. 19f.
[77] vgl.: Eisfeld-Reschke et al. S. 6.
[78] vgl.: Lambert/Schwienbacher. S. 4.
[79] www.fundable.com
[80] www.kickstarter.com
[81] www.sellaband.com
[82] www.startnext.de
[83] www.seedmatch.de

*Spenden ohne Gegenleistung, Sponsoring mit fester Gegenleistung, Vorauszah-
lung mit festgesetzter Lieferung des bezahlten Guts bei Fertigstellung, Kredite
mit festgelegten Zinsen und Equity als gesellschaftliche Beteiligung an Unter
nehmen.*[84]

Crowdfunding ist zudem eine Form von Mikrofinanzierung und kann sich in folgenden
Ausprägungen widerspiegeln:

- Crowd-Spende (Mikrospende)
- Crowd-Zuwendung (Mikrozuwendung)
- Crowd-Sponsoring (Mikrosponsoring)
- Crowd-Pre-Selling oder Pre-Ordering
- Crowd-Kredite (Mikrokredite)
- Crowd-Equity (Mikrobeteiligung) und Zwischenformen.[85]

Crowdfunding ist sowohl für den Profit- als auch für den Non-Profitsektor möglich und
kann von materieller oder immaterieller Natur sein.[86]

4.1. Gegenleistungen

Gegenleistungen divergieren beim Crowdfunding je nach Art des zu finanzierenden
Projekts zwischen monetären und nicht monetären Leistungen. Wenn bei dem
jeweiligen Projekt Gegenleistungen als Anreiz angeboten werden, vollzieht sich ein
wechselseitiges Geschäft zwischen dem, der die Leistung bzw. das Kapital bereitstellt,

---

[84] vgl.: Hemer. S. 1.
[85] vgl.: Hemer. S. 24.
[86] vgl.: Harms, Michael: What Drives Motivation to Participate Financially in a Crowdfunding
Community? Thesis Master in Marketing 2006/2007. http://www.grin.com/en/e-book/181293/what-
drives-motivation-to-participate-   financially-in-a-crowdfunding-community.   (gesehen   am
08.11.2012). S. 8.

und dem, der dafür eine Leistung bzw. Gegenleistung erhält.[87] Die am häufigsten verwendete Gegenleistung ist die Prämie bzw. das „Dankeschön" in nicht-monetärer Form.[88] Als Beispiel hierfür dient die deutsche Plattform „Sellaband". Hier können Bands oder einzelne Musiker ihre CD-Produktion finanzieren, indem sie den für eine solche Produktion von der Plattform standardmäßig angegebenen Betrag von 50 000$ zusammentragen. Die Gegenleistung ist in dem Falle, dass man eine Investition von 10$ tätigt, der Erwerb einer solchen produzierten CD.[89] Die Prämien werden meist nach der Höhe des Spendenbetrags gestaffelt. So kann man beispielsweise im Abspann eines Films oder auf einem CD-Cover namentlich erwähnt werden oder zusätzlich auf Konzerte eingeladen werden.[90]

Die monetären Gegenleistungen wiederum setzen eine andere Form der Finanzierung voraus. Es handelt sich entweder um zinsfreie oder verzinste Kredite oder um Gewinnbeteiligungen oder Dividenden.[91] Die letztgenannte Form ist vor allem bei karitativen Organisationen oder Start-Up-Unternehmen anzutreffen.

4.2. Crowdfunding-Prozess

Um die Möglichkeiten des Crowdfunding für den Kulturbetrieb näher zu untersuchen, muss zunächst eine Analyse des Crowdfunding-Prozesses als solcher erfolgen. Anhand einer solchen Analyse kann man die unterschiedlichen Typen, deren Randbedingungen und den spezifischen Zweck besser einordnen.

Die Analyse bezieht sich hierbei auf die Dimensionen: Akteure, Zielsetzung und Motive sowie die organisatorische Verankerung der Organisatoren.

Die Hauptakteure setzen sich erstens aus den Ziel-Empfängern bzw. den Vorhaben, die Kapital suchen - also Künstlerprojekte, Start-ups oder gemeinnützige Projekte – und

---

[87] vgl.: ebd.: S. 24.

[88] vgl.: ebd.

[89] vgl.: Kappel, Tim: Ex Ante Crowdfunding and the Recording Industry: A Model for the U.S. in: Loyola of Los Angeles Entertainment Law Review 29 (3), S. 375-385. http://heinonline.org/HOL/LandingPage?collection=journals&handle=hein.journals/laent29&div=18& id=&page=. (gesehen am 08.11.2012). S. 379.

[90] vgl.: Hemer. S. 25.

[91] vgl.: ebd. S. 25f.

zum zweiten aus den Geld- bzw. Kapitalgebern - also individuelle oder organisierte Investoren - zusammen. Zwischen beiden steht, je nach Komplexität des Crowdfunding-Prozesses, ein Intermediär bzw. eine Internetplattform, welche zwischen den beiden Akteuren kommuniziert, den Finanztransaktionen regelt und eine Onlineplattform zur Verfügung stellt.[92] Dabei sind sogenannte Crowd-Spenden und Crowd-Sponsoring meist rechtlich und formal noch nicht so komplex wie Crowd-Kredite und Crowd-Equity.[93]

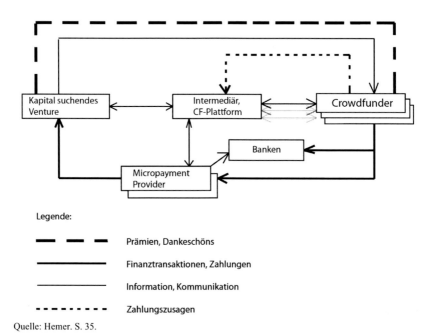

Quelle: Hemer. S. 35.

Die meisten Intermediäre entwickeln zusammen mit den Ziel-Empfängern ein Konzept und einen zeitlichen Rahmen für das zu finanzierende Projekt. Dabei haben die Intermediäre fast immer einen festen Zeitraum für alle Projekte, in denen die Zielsumme zusammenkommen muss, um das Projekt erfolgreich durchzuführen.

---

[92] vgl.: ebd. S. 33.
[93] vgl.: ebd. S. 34.

4.3. Verschiedene Crowdfunding-Finanzierungsmodelle

Grundlegend muss man zwei Crowdfunding-Finanzierungsmodelle voneinander unterscheiden: „Ex-ante" Modelle, bei denen das Funding vor der Realisierung des Vorhabens stattfindet und „Ex-post-facto"-Modelle, bei denen das bereits realisierte Vorhaben finanziert wird.[94] Kappel befasst sich ausschließlich mit dem „Ex-ante"-Modell, welches beispielsweise zur Finanzierung von Musikproduktionen dient. Das besondere Interesse besteht darin, dass die Unterstützer - im Gegensatz zum bloßen Sponsoring - einen monetären Nutzen aus dem Erfolg eines Musikprojektes ziehen können und, ganz wie eine Plattenfirma, an das zu finanzierende Projekt glauben müssen.[95] Auch für die hier zu untersuchende Fragestellung sind die „Ex-ante"-Modelle von größerem Interesse.

4.3.1. Spenden

Spenden sind freiwillige Leistungen ohne Verpflichtungen zur Gegenleistung. Sie basieren auf Vertrauen und folgen altruistischen und philantropischen Motiven. Spendenmodelle sind daher beim Crowdfunding von nichtkommerziellen Vorhaben am häufigsten zu beobachten.[96] Für altruistische Spenden besonders in künstlerischen Bereichen wird im angelsächsischen Raum oft der Begriff Patronatsmodell verwendet.[97] Der Hauptzweck für das Spenden besteht darin, die Not anderer zu lindern. So gingen 2005 laut deutschem Spendenmonitor 57% aller Spenden an Nothilfeprogramme in Kriegs- oder Katastrophengebiete. Nur 2% wurden für Kunst und Kultur gespendet.[98] Spenden werden zum überwiegenden Teil von Privatpersonen ausgeführt. In den USA beträgt der Anteil privater Spenden am gesamten Spendenvolumen sogar 75%.[99] Reine Spenden sind daher für das Crowdfunding von kulturellen Gütern und Projekten

---

[94] vgl.: Kappel. S. 375f.
[95] vgl.: Kappel. S. 376.
[96] vgl.: Hemer. S. 51.
[97] vgl.: ebd. S. 52.
[98] vgl.: Haibach, Marita: Handbuch Fundraising. Spenden, Sponsoring, Stiftungen in der Praxis. Frankfurt a.M./New York 2006. S. 163.
[99] vgl.: ebd. S. 161.

nur bedingt möglich, da es sich in der Regel um ein Gut handelt, und der Spender dafür eine Gegenleistung erwartet.[100]

4.3.2. Sponsoring

Im Unterschied zum Spendenmodell erwartet der Sponsor eine vertraglich festgesetzte Gegenleistung.[101] Sponsoren sind in fast allen Fällen Unternehmen, die mit der Gegenleistung eine Bereicherung ihrer eigenen Marketingziele erwirken wollen. Im Gegensatz zum Spendenwesen oder Mäzenatentum steht daher weniger die Förderung des Gesponserten aus altruistischen Motiven als vielmehr der eigene Nutzen im Vordergrund.[102] Nach Kössner sollte man jedoch das Kultursponsoring im engeren und im weiteren Sinne voneinander abgrenzen, wobei die erweiterte Lesart durchaus altruistische und kommerzielle Motive für ein unternehmerisches Engagement mit einschließt.[103] Bruhn liefert folgende Definition für das Sponsoring:

„Analyse, Planung, Umsetzung und Kontrolle sämtlicher Aktivitäten, die mit der Bereitstellung von Geld, Sachmitteln, Dienstleistungen oder Know-how durch Unternehmen und Institutionen zur Förderung von Personen und/oder Organisationen in den Bereichen Sport, Kultur, Soziales, Umwelt und/oder den Medien unter vertraglicher Regelung der Leistung des Sponsors und Gegenleistung des Gesponserten verbunden sind, um damit gleichzeitig Ziele der Marketing- und Unternehmenskommunikation zu erreichen.“[104]

Weil Sponsoring klar von Spenden differenziert werden muss, bezeichnet Hemer es in Hinsicht zum Crowdfunding als Mikro-Sponsoring, mit dem sich zum Beispiel die Plattform „mySherpas" ausschließlich beschäftigt.[105]

---

[100] vgl.: Hemer. S. 52.
[101] vgl.: Heinze, Thomas: Kulturfinanzierung. Sponsorship, Fundraising, Public-Private-Partnership. Münster 1999. S. 47.
[102] vgl.: ebd.
[103] vgl.: Kössner, Brigitte: Marketingfaktor Kunstsponsoring. Neue Impulse durch Partnerschaften von Wirtschaft und Kunst. Wien 1999. S. 27.
[104] Bruhn. S. 6f.
[105] vgl.: Hemer. S. 52.

4.3.3. Vorauszahlung, Pre-Selling und Pre-Ordering

Bei dieser Art der Finanzierung kann ein künstlerisches Werk oder ein anderes Produkt vor seiner eigentlichen Produktion unterstützt werden. Die Unterstützung kommt einem Kaufakt gleich, da das zu produzierende Gut mit seiner Fertigstellung gleichzeitig an die Unterstützer ausgeliefert wird.[106] Ein ähnliches Modell ist die Vorauszahlung durch Gutscheine, welche oft in der Gastronomie und in der Landwirtschaft verwendet wird.[107]

4.3.4. Revenue Based Financing

Diese Finanzierungsform dient zur Unterstützung von jungen Unternehmen in ihrer Frühphase. Gegenüber herkömmlichen Krediten, wie sie von Banken vergeben werden, muss der geliehene Geldbetrag nicht in festgelegten Raten und in einer bestimmten Zeit getilgt werden, sondern er wird zu einem festgelegten Zinssatz von den jährlichen Brutto-Einnahmen bezahlt. Diese sind wiederum bis zu einer „Multiple" vom Drei- bis Fünffachen der geliehenen Summe gedeckelt.[108] Der Kreditgeber hat, ähnlich wie bei stillen Beteiligungen, ein höheres Ausfallrisiko, aber auch hohe Renditechancen.

4.3.5. Micro-Kredite und Online Social Lending

Das Online Social Lending oder auch „peer-to-peer lending" (P2P) ist eine Form der Kreditvergabe von „peers", also einzelnen Individuen mit bestimmten Interessen, an andere „peers" ohne einen zwischengeschalteten Intermediär in Form einer Finanzinstitution. Im Sinne des Crowdfunding wird demnach eine Kreditsumme von mehreren Personen zusammengetragen, bzw. kann ein Einzelner auch Beträge an mehrere andere Personen verleihen. Durch diesen Gruppeneffekt und der damit einhergehenden Streuung des Risikos entstehen Sicherheiten für die Kapitalgeber, die

---

[106] vgl.: Hemer. S. 53.
[107] vgl.: ebd.
[108] vgl.: http://p2pfoundation.net/Revenue_Based_Financing (zuletzt gesehen am 2.8.2012)

mit den Sicherheiten von Bankengeschäften zu vergleichen sind.[109]

4.3.6. Micro-Equity

Micro-Equity ist die Crowdfunding-Variante von privaten Beteiligungen (Private Equity) mit sog. „venture capital" an meist jungen Unternehmen. Diese Form des Crowdfunding ist mit einer Reihe von rechtlichen Hürden verbunden, da solche Beteiligungen in Deutschland nach dem Kreditwesengesetz (KWG) und dem Wertpapierhandelsgesetz (WpHG) Wertpapiere darstellen und nicht ohne weiteres an eine breite Öffentlichkeit weitergegeben werden können.[110] In den USA zum Beispiel dürfen Wertpapiere nach der Regulation D des Securities Act von 1933 nur an Familienmitglieder, Freunde und anerkannte Investoren vergeben werden, aber nicht an die allgemeine Öffentlichkeit.[111] Daher haben viele Crowdfunding-Plattformen geschlossene Gemeinschaften geformt, die denen eines „Clubs" ähnlich sind, um die dazugehörigen Mitglieder als „qualifizierte Investoren" behandeln zu können.[112]

Die Plattform „Grow VC" beispielsweise hat einen Co-Investment Fond angelegt, um darin die eher kleinen Beträge der privaten Investoren zu sammeln und dann an die entsprechenden Start-Ups weiterzugeben.[113] Dieses Prinzip war bis dato einzigartig und bot nun die Möglichkeit für Einsteiger und professionelle Investoren gleichermaßen, Start-Up Unternehmen vor allem in ihrer Frühphase finanziell zu unterstützen. Die Investoren können darüber hinaus noch ihre Expertise und ihr Wissen zur Beratung und Verbesserung der Start-Ups anbieten und durch sogenanntes „peer-reviewing" die Start-Ups beurteilen.[114]

---

[109] vgl.: Everett, Craig R.: Group membership, relationship banking and loan default risk: the case of online social lending. http://papers.ssrn.com/sol3/papers.cfm?abstract_id=1114428 (gesehen am 08.11.2012). S. 2f.
[110] vgl.: Hemer. S. 55.
[111] vgl.: Lawton: http://www.huffingtonpost.com/kevin-lawton/democratizing-venture-cap_b_792498.html (gesehen am 7.8.2012)
[112] vgl.: Hemer. S. 55.
[113] vgl.: Grow VC. 2010. http://www.growvc.com/main/press/GrowVCAndIndiaCo2010-07-06.pdf (gesehen am 8.8.2012)
[114] vgl.: Grow VC. 2010. http://www.growvc.com/blog/2010/02/grow-vc-model-in-full-detail/ (gesehen am 8.8.2012)

4.4. Die Crowdfunding-Bezahlsysteme

Um die Vielzahl unterschiedlicher Geldbeträgen koordinieren zu können, brauchen die Online-Plattformen automatisierte Bezahlsysteme. Diese müssen missbrauchssicher sein und hohen Datenschutz gewährleisten. Die meisten Anbieter lagern die Zahlungsverwaltung daher zum Teil aus bzw. arbeiten mit sogenannten Micropayment-Providern bzw. Banken zusammen.[115] Gerade die neueren, web-basierten Zahlungsformen können schnellere und einfachere Geldtransferleistungen zu geringen Transaktionskosten anbieten. Dass hierfür eine große Nachfrage besteht, zeigt bereits die Vielzahl sehr junger Online-Micropayment-Anbieter, wie z.B.: Sofortüberweisung.de[116], PayPal[117], Click&Buy[118], FidorPay[119], MoneyBookers[120] oder Authorize.net[121].

Meist bieten die Online-Plattformen jedoch mehrere Zahlungsoptionen an, um auch herkömmliche Zahlungswege wie Kreditkartenzahlung, Banküberweisung und Lastschriftverfahren nicht zu vernachlässigen.[122]

4.5. Crowdfunding in der Praxis

4.5.1. allgemeine Erfolgsfaktoren für Crowdfunding

Damit ein Projekt erfolgreich durch Crowdfunding finanziert werden kann, müssen einige, allgemeingültige Erfolgsfaktoren ausgemacht werden. In Hemer et. al. werden solche Faktoren aufgelistet und im Folgenden sinngemäß wiedergegeben:

- Die Projektidee muss für viele Menschen interessant sein und deren Begeisterung erwecken.

---

[115] vgl.: Hemer. S. 65.
[116] www.sofortüberweisung.de
[117] www.paypal.com
[118] www.clickandbuy.com
[119] www.fidor.de
[120] www.moneybookers.com
[121] www.authorize.net
[122] vgl.: Hemer. S. 65.

- Es muss eine zielgruppenorientierte Kommunikationsstrategie entwickelt werden. Diese sollte den Gepflogenheiten des Web 2.0 üblicherweise kurze und aussagekräftige Botschaften enthalten und beispielsweise als Videobotschaft dargeboten werden.

- Ein weiterer Punkt erfolgreichen Crowdfundings ist das Schaffen von Anreizen durch Belohnungen oder Anerkennungen.

- Es ist vor allem wichtig, das Crowdfunding-Projekt und die Verwendung des gesammelten Geldes so transparent und anschaulich wie möglich zu gestalten. Gerade im Falle von Planänderungen oder gar Abbrüchen der Projekte sollte noch vor ihrem Start Klarheit herrschen, was mit dem Geld passiert.

- Es sollte eine breite Unterstützer-Community vorhanden sein.

- Regelmäßige Kommunikation mit den Unterstützern über Social-Media-Plattformen.

- Gewinnung von Multiplikatoren und Schlüsselfiguren, die zur Vertrauensbildung der Crowd beitragen und das Vorhaben weiter im Netz verbreiten. Solche Schlüsselfiguren sind z.B. Blogger, Moderatoren von Internetforen, Administratoren von Facebook-Gruppen, Geschäftsführer von Firmen und Organisationen, Prominente, Wissenschaftler, Politiker, klassische Medien und Journalisten.

- Meist sind Crowdfunding-Kampagnen nur einmal durchführbar. Deswegen muss gut geplant werden.[123]

4.5.2. Erfolgsfaktoren mit einem Intermediär

- Weil bei fast allen Plattformen die jeweilige Kampagne nur bei Erreichen des definierten Zielbetrags erfolgreich zustande kommt („Alles-oder-Nichts-Prinzip"), sollte man versuchen, bei einem erkennbaren Eintreten eines Misserfolgs der Kampagne, andere Mittel (Eigenmittel des Initiators oder der

---

[123] vgl.: Auflistung bei Hemer. S. 71f.

28

FFFFF-Community[124], Großspender, etc.) bereitzustellen, damit die bereits zugesagten Beträge nicht komplett verloren gehen.

- Man sollte bei der Wahl des Intermediärs auf dessen Fachgebiete und die Größe der Community achten.[125]

5. Der Kulturbetrieb

Hinsichtlich des Begriffes vom Kulturbetrieb gibt es zunächst zwei Lesarten. Zum einen kann man sich auf eine bestimmte Institution - wie z.B. ein Theater, Museum oder Orchester - beziehen, und zum anderen kann man auf die Gesamtheit der „institutionellen Erscheinungsformen von Kultur" referieren.[126] In dieser Arbeit soll es zunächst um den Kulturbetrieb in seiner ganzheitlichen Form gehen. Dabei schließt der Kulturbetrieb alle Kunstsparten und sogar Vereine und Verbände mit ein. Man kann diesbezüglich auch von einem Kulturbetrieb im engeren und weiteren Sinne sprechen, wobei im Folgenden immer die weiter gefasste Definition dienen soll.[127] Kunstdefinitionen oder Unterscheidungen zwischen ernster und unterhaltender Kultur sollen hier nicht Teil der Diskussion sein.

Vielmehr muss die Institution nach ihrer Rechtsträgerschaft eingeordnet werden. Das heißt es muss geklärt werden, ob es sich um einen privatrechtlichen oder öffentlich-rechtlichen Kulturbetrieb handelt, und ob es ein Betrieb des Profit- oder Nonprofit-Sektors ist.

So sind in der Forschung gerade die privatrechtlich organisierten Nonprofit-Betriebe mit gemeinnützigen Zielen, also der sogenannte „Dritte Sektor", ins Interesse gerückt.[128]

---

[124] FFF entspricht „Family, Friends and Fools" bei Hemer (S. 31) erweitert auf FFFFF: „Founder, Family, Friends, Fans and Fools"
[125] vgl.: Hemer. S. 73.
[126] vgl.: Heinrichs, Werner: Der Kulturbetrieb. Bildende Kunst – Musik – Literatur – Theater. in: Heinze, Thomas: Kulturfinanzierung. Sponsoring – Fundraising – Public-Private-Partnership. Münster/Hamburg/London 1999. S. 13.
[127] vgl.: Colbert, François: Der Kulturbetrieb – ein Systematisierungsvorschlag. in: Klein, Armin: Kompendium Kulturmanagement. Handbuch für Studium und Praxis. München 2011. S. 13.
[128] vgl.: Colbert. S. 12.

Die nachfolgende Tabelle soll zu den einzelnen Rechtsträgerschaften nochmal einen Überblick verschaffen.

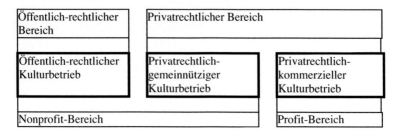

Quelle: Heinrichs. S. 22.

5.1. Kulturfinanzierung

5.1.1. Staatliche Kulturförderung in Deutschland

Kulturförderung – egal ob staatlich oder privat – ist ein Teilbereich der Kulturfinanzierung und soll nicht dem Gewinn oder individuellen Konsum dienen. In Deutschland liegt die Zuständigkeit für die öffentliche Förderung der Kultur bei den Ländern und wird daher vom Bundesverfassungsgericht als „Kulturhoheit der Länder" bezeichnet.[129]

Die öffentlichen Ausgaben für Kultur sind in den letzten Jahren, entgegen einiger Befürchtungen, angestiegen.[130] Die folgende Tabelle zeigt die öffentlichen Ausgaben für Kultur zwischen 1995 bis 2007.

---

[129] vgl.: Deutscher Bundestag: Schlussbericht der Enquete-Kommission „Kultur in Deutschland". Drucksache 16/7000. Berlin 2007. veröffentlicht unter: http://dip21.bundestag.de/dip21/btd/16/070/1607000.pdf (gesehen am 08.11.2012). S. 54.

[130] vgl.: Heinrichs. S. 55. (Heinrichs konstatiert, dass die Ausgaben bis 2003 rückläufig sind und prognostiziert einen weiteren Rückgang)

Jahr	1995	2000	2005	2006	2007
Öffentliche Ausgaben für Kultur nach Ländern und Körperschaftsgruppen in Mill. Euro (Grundmittel)	7467,8	8206,4	8002,8	8113,3	8459,5

Quelle: Statistisches Bundesamt. https://www.destatis.de/DE/Publikationen/Thematisch/Bildung ForschungKultur/Kultur/Kulturfinanzbericht1023002109004.pdf?__blob=publicationFile (Stand: 25.10.2012)

Die Bundesrepublik Deutschland hat im Vergleich zu anderen Ländern einen hohen Anteil an der Kulturförderung. Das liegt an diversen geschichtlichen Faktoren und an der grundsätzlichen Haltung, die Kultur des Kulturstaates Deutschland zu bewahren, sie für jeden Bürger anzubieten und zugänglich zu machen.[131] Dies wird gerade im Hinblick auf die heutige Zeit unüberschaubarer kultureller Vielfalt durch die digitalen Medien und in einer Welt, in der der „enzyklopädisch gebildete Universalgelehrte" der Vergangenheit angehört, im Schlussbericht der Enquete-Kommission „Kultur in Deutschland" festgehalten.[132]

Staatliche Finanzierungsformen können zum einen in Form der Vollfinanzierung, wenn der Staat ein übermäßig hohes Interesse an der Realisierung eines Projekts hat, oder als Teilfinanzierung, als zusätzliche Unterstützung, wenn die Finanzierung durch private Mittel nicht ausreicht, stattfinden.[133] Letztere Methode ist dabei die Regel und kann wiederum in folgenden Finanzierungsarten auftreten:

- Die Anteilsfinanzierung, welche durch einen festgelegten Anteil an den Gesamtkosten mit Begrenzung auf einen Höchstbetrag gekennzeichnet ist,
- die Fehlbedarfsfinanzierung, welche den fehlenden Betrag - also die Differenz zwischen Eigenmitteln und Gesamtkosten bzw. Teilbereichskosten - ebenfalls mit einer Obergrenze ausfüllen soll, und
- die Festbetragsfinanzierung, welche einen festgesetzten Betrag umfasst, der auch im Falle von sich ändernden Kosten nicht verändert wird.[134]

---

[131] vgl.: Deutscher Bundestag. S. 43.
[132] vgl.: ebd. S. 48.
[133] vgl.: Gerlach-March, Rita: Kulturfinanzierung. Wiesbaden 2010. S. 21.
[134] vgl.: ebd. S. 22.

5.1.2. Staatliche Kulturförderung in den USA

Der Ansatz staatlicher Kulturunterstützung ist eine spezifisch deutsche und europäische Entwicklung. Eine ganz andere Entwicklung gab es diesbezüglich in den USA. Im Gegensatz zu Deutschland, wo nur ca. 5-10 % aus privaten Zuwendungen stammen und durchschnittlich 68 % aus öffentlichen Mitteln bezogen werden, tragen in den USA private Kulturförderer ca. 30-40 % zur Finanzierung von Kunst und Kultur bei.[135] Die Eigeneinnahmen an größeren Häusern betragen in den USA sogar bis zu 50 % bei vergleichsweise geringen staatlichen Zuwendungen von 30 %.[136]

Es hat sich in den USA eine Mentalität der Verantwortung der Bürger entwickelt, welche unabhängig vom Staat, Selbstorganisation und Bürgerengagement in sich trägt.[137]

Zwar gibt es seit Mitte der 1960er-Jahre mit dem „National Endowment for Arts" (NEA) und dem „National Endowment of the Humanities" zwei halbstaatliche Verwaltungsbehörden, die als nationale Stiftungen öffentliche Gelder für Kulturbetriebe beisteuern, jedoch nehmen diese keine „dominante Stellung in der Definition und Verfolgung einer offiziellen nationalen Kulturpolitik" ein.[138]

Dieser hohe Anteil privater Kulturunterstützer in den USA ist somit auch ein Indikator für die verhältnismäßig hohen Beträge, die auf amerikanischen Crowdfunding-Plattformen erzielt werden.

5.1.3. Fundraising

Der Begriff Fundraising stammt aus dem Englischen und setzt sich aus „fund" (Geld, Kapital) und „to raise" (aufbringen, beschaffen) zusammen. Der Hauptgegenstand des Fundraisings ist das Aufbringen von Finanzmitteln.[139] Aber auch die Beschaffung von

---

[135] vgl.: Lissek-Schütz (1999). S. 217f.
[136] vgl.: ebd. S. 218.
[137] vgl.: ebd. S. 220.
[138] vgl.: ebd. S. 223. und Toepler, Stefan: Kulturpolitik im liberalen Staat. Das Beispiel USA. in: Wagner, Bernd/Zimmer, Annette: Krise des Wohlfahrtsstaates – Zukunft der Kulturpolitik. Bonn/Essen 1997. S.54.
[139] vgl.: Gahrmann. S. 12.

Sachmitteln, Rechten, Informationen, Arbeits- und Dienstleistungen werden unter dem Begriff zusammengefasst.[140] Besonders wichtig ist das Fundraising für Nonprofit-Organisationen, da diese kein eigenes Kapital generieren, sondern auf Zuwendungen von außen angewiesen sind.[141] In dieser Arbeit sollen vor allem die privaten Kultureinrichtungen und die Einrichtungen des „Dritten Sektors" und somit ein engsinnig gefasster Fundraising-Begriff eine übergeordnete Rolle spielen.[142]

> *„Fundraising ist die systematische Analyse, Planung, Durchführung und Kontrolle sämtlicher Aktivitäten eines Kulturbetriebs, welche darauf abzielen, benötigte Ressourcen (Geld-, Sach- und Dienstleistungen) durch eine konsequente Ausrichtung an den Bedürfnissen der Ressourcenbereitsteller ohne marktadäquate materielle Gegenleistung zu beschaffen."*[143]

Nach dieser Definition muss man hervorheben, dass Fundraising, statt einer Finanzierungstechnik, vielmehr eine Tätigkeit ist, die alle Formen der Akquise sogenannter „Drittmittel" von allen potenziellen „Fundgivern" einschließt.[144] Fundraising orientiert sich an systematisch angelegten Marketingprinzipien und bedeutet eine dauerhafte Finanzierung und kontinuierliches Werben um Freunde, Förderer und Sponsoren.[145]

Die Ursprünge des Fundraisings liegen, wie der Begriff bereits vermuten lässt, in den USA. Im Gegensatz zu Deutschland werden in den USA nur etwa 5% der gemeinnützigen Kultureinrichtungen von staatlicher Seite gefördert. Den Rest müssen die Kulturinstitutionen aus eigenen Mitteln oder privaten Zuwendungen finanzieren.[146] Das hat zur Folge, dass sich amerikanische Kulturinstitutionen zu einem Großteil selbst um das Einwerben finanzieller Mittel kümmern müssen. Es hat sich infolgedessen ein

---

[140] vgl.: Haibach. S. 19.
[141] vgl.: Haibach. S. 20.
[142] vgl.: Gerlach-March. S. 47.
[143] vgl.: Urselmann, Michael: Fundraising. Professionelle Mittelbeschaffung für Nonprofit-Organisationen. Bern/Stuttgart/Wien 2007. S. 11.
[144] vgl.: Lissek-Schütz, Ellen: Fundraising. in: Klein, Armin: Kompendium Kulturmanagement. Handbuch für Studium und Praxis. München 2011. S. 507.
[145] vgl.: ebd. S. 508.
[146] vgl.: Höhne, Steffen: „Amerika, du hast es besser"? Kulturpolitik und Kulturförderung in kontrastiver Perspektive. Leipzig 2005. S. 46.

33

professionalisiertes und marketingorientiertes Fundraising entwickelt.

Fundraising fällt nach Meinung von Gahrmann und Haibach in den Bereich des Beschaffungsmarketings.[147] Das zu beschaffende Gut ist im Falle des Fundraisings das Kapital, welches zur Sicherstellung einer Unternehmung dienen soll. Hierbei spielt besonders der Beschaffungsmarkt eine übergeordnete Rolle, der nach „Kenntnis aller relevanten Informationen" nach den „eigenen Zielsetzungen" gestaltet werden sollte.[148]

Die Kundenorientierung beim Fundraising ist an die Förderer und nicht an die eigentlichen Abnehmer gerichtet. Die Marketingstrategien müssen daher vor allem im Bereich der Kundenansprache ansetzen.[149] Diesen Ansatz verfolgt auch das Relationship-Fundraising, welches über einen längeren Zeitraum durch direkte und freundschaftliche Ansprache eine besondere Nähe zum Kunden aufbauen soll.[150]

Die Spender kann man in vier Hauptgruppen einteilen: öffentliche Hand, private Spender, Stiftungen und Unternehmen. Die größten Spendenbeträge fließen dabei aus öffentlichen Geldern.[151] Der größte nichtöffentliche Spendenanteil kommt aber von den privaten Spendern, welche für das Crowdfunding daher besonders interessant sind.

5.1.4. Kultursponsoring

Sponsoring wird von Unternehmen in den meisten Fällen auch immer als Kommunikationsinstrument eigener Ziele verwendet. Im Bereich des Kultursponsorings geht es vor allem um den „Transfer emotionaler Erlebniswerte".[152] Es werden bei dem Besucher der Kultureinrichtungen Emotionen aufgebaut, die dann zu einer Sensibilisierung und gesteigerten Aufnahme von Informationen führen und eben auch positiv mit dem Sponsor in Verbindung gebracht werden sollen.[153]

Im Bereich des Kultursponsorings agieren zwar 74% der als Sponsor auftretenden Unternehmen, jedoch fließen durchschnittlich und über einen längeren Zeitraum relativ

---

[147] vgl.: Gahrmann. S. 18f. und Haibach. S. 21.
[148] Hammann, Peter/Lohrberg, Werner: Beschaffungsmarketing. Eine Einführung. Stuttgart 1986. S. 40.
[149] vgl.: Haibach. S. 22.
[150] vgl.: Sanders, Geert: Fundraising. Die beziehungsorientierte Methode. Assen 2007. S. 12.
[151] vgl.: Gahrmann. S. 36f.
[152] vgl.: Braun, Günther E./Gallus, Thomas: Kultursponsoring-Management. in: Heinze, Thomas (Hrsg.). Kulturfinanzierung. Sponsoring – Fundraising – Public-Private-Partnership. Münster 1999. S. 75.
[153] vgl.: ebd.

konstant nur 12% des gesamten Sponsoringbudgets in diesen Bereich - der größte Teil geht in den Sportbereich.[154] Jedoch ist ein deutlicher Zuwachs im Kultursponsoring zu verzeichnen. Kultursponsoring und Kulturförderung kann man nicht ohne weiteres voneinander trennen. So werden mit der klassischen Kulturförderung landläufig eher altruistische Ziele verbunden und mit dem Kultursponsoring mehr die Vorteile der sponsernden Unternehmen unterstrichen. In der Praxis kann man vielmehr eine Verknüpfung beider Intentionen feststellen und diese in altruistische Mäzene, mäzenatische Sponsoren und klassischen Sponsoren einteilen.[155]

Wenn man die einzelnen Sparten der Kulturbetriebe betrachtet, fließt der größte Teil des Sponsorings durch Unternehmen in die Bereiche Bildende Kunst und Musik. Diese Bereiche genießen scheinbar bei Unternehmen die größten Erfolgsaussichten und Chancen.[156]

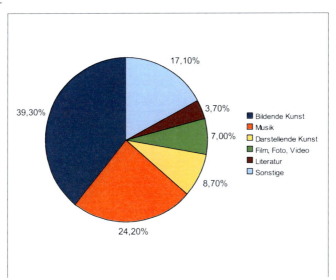

Quelle: Heusser, Hans-Jörg/Wittig, Martin/Stahl, Barbara: Kulturengagement von Unternehmen – integrierter Teil der Strategie. http://www.rolandberger.ch/media/pdf/rb_press/

---

[154] vgl.: Bruhn, Manfred: Sponsoring. Systematische Planung und integrativer Einsatz. Wiesbaden 2010. S. 195.
[155] vgl.: ebd. S. 196.
[156] vgl.: Posadowsky, Dorothee: Kultursponsoring. Zwischen Corporate Citizenship und Marketing. in: Ahlert, D./Woisetschläger, D./Vogel, V. (Hrsg.): Exzellentes Sponsoring. Innovative Ansätze und Best Practices für das Markenmanagement. Wiesbaden 2006. S. 394f.

Wenn man die Branchenbereiche der Unternehmen betrachtet, sind es vorwiegend Finanzdienstleistungsunternehmen und Versicherungen, welche sich aktiv in der Kulturförderung engagieren.[157] Diese unterstützen vor allem junge Künstler und Kulturschaffende, um durch diese Art der Nachwuchsförderung gesellschaftliche Verantwortung zu demonstrieren und dadurch eine positive Außenwirkung zu erlangen.[158] Eine weitere Eigenschaft des Sponsorings ist die lokale Ausrichtung. Demnach engagieren sich ein Großteil (72,7%) der Unternehmen in ihrem direkten Umfeld, um in unmittelbaren Anspruchsgruppen vor Ort Sympathien zu erlangen, statt überregional ihre Bekanntheit oder den Abverkauf ihrer Produkte zu steigern.[159]

Abgrenzungsmerkmale	Formen	Beispiele
Art der Sponsorenleistung	Finanzmittel	Beiträge an Künstler (Stipendien, Ausstellungshonorare), Publikationshilfen, Zuschüsse zu Inszenierungen
	Sachmittel	Bereitstellung von Arbeitsmaterialien für Künstler, Räumlichkeiten für Ausstellungen
	Dienstleistungen	Technische und kaufmännische Beratung für Kunstveranstaltungen, Übernahme von Versicherungs- und Transportleistungen Beiträge an Künstler (Stipendien, Ausstellungshonorare), Publikationshilfen, Zuschüsse zu Inszenierungen
Art der Gegenleistung	Aktive Gegenleistung	Gesponserte selbst übernehmen Werbung für den Sponsor (Rolling Stones für Volkswagen)
	Passive Duldung	Gesponserte verhalten sich passiv, die Sponsoren weisen auf Sponsorships hin (Pressemitteilungen)
Art des Geförderten	Kulturschaffende	Ausschreibungen von Kunstpreisen (Philip Morris) für etablierte oder Nachwuchskünstler
		Förderung von Kulturinstitutionen ohne

---

[157] vgl.: Bruhn. S. 200.
[158] vgl.: ebd. S. 201.
[159] vgl.: ebd.

	Kultureinrichtungen	Projektbezug, z.B. Opernhäuser, Festivals (Deutsche Telekom)
	Kulturprojekte	Gezielte Förderung von Kunstveranstaltungen (Konzerte, Aufführungen) oder Kulturobjekten (Denkmalschutz)
Leistungsklasse des Geförderten	„Elitekunst/-kultur"	Förderung nationaler und internationaler Ereignisse der Spitzenkunst (Festspiele, Eröffnungskonzerte)
	Populärkunst/-kultur	Förderung von Konzertreihen (Audi), Dichterlesungen
	Massenkunst/-kultur	Förderung von Popveranstaltungen (Radio FFH)
Initiator des Spornsorings	Eigeninitiiertes Sponsoring	Ausschreibung unternehmensindividueller Kulturpreise (Audi Design Förderpreis)
	Fremdinitiiertes Sponsoring	Unternehmen beteiligen sich an Sponsorships von Kulturinstituten (Opernhäuser) oder Ereignissen (Salzburger Festspiele - Audi)
Anzahl der Sponsoren	Exklusives Sponsoring	Mehrere Sponsoren beteiligen sich am Sponsorship
	Kooperatives Sponsoring	(Schleswig-Holstein-Festival mit Bertelsmann u.a.)

Quelle: Bruhn. S. 202.

6. Crowdfunding für Kulturbetriebe

Um die Möglichkeiten des Crowdfundings für den Kulturbereich zu erörtern, müssen zunächst einige Erkenntnisse der bisherigen Untersuchungen zusammengetragen werden. Dafür wird zunächst eine Abgrenzung zu herkömmlichen Finanzierungsmöglichkeiten der Kulturbetriebe vorgenommen.

Im Hinblick auf die klassischen Finanzierungsformen der Kulturbetriebe ist zu erkennen, dass beim Crowdfunding sowohl Elemente der klassischen Spendenwerbung als auch Elemente des Sponsorings auftauchen. Es beinhaltet die Freiwilligkeit des Gebens von Privatpersonen, wie bei der Spendenwerbung, und es spricht eine breite Zielgruppe an, welche verschiedene Einkommensgruppen beinhaltet und eher kleinere

Beträge spendet, im Gegensatz zum klassischen Mäzenatentum.[160] Der Akt des Spendens aus rein philantropischen und altruistischen Motiven wird beim Crowdfunding jedoch noch um die Komponente der Gegenleistung, wie sie beim Sponsoring üblich ist, ergänzt. Während sich das klassische Sponsoring aber vielmehr an Unternehmen wendet, die dieses als vertraglich festgesetztes Kommunikationsmittel und zur Imageverbesserung nutzen, wird die Sponsoring-Komponente der Gegenleistung beim Crowdfunding auch für Privatpersonen interessant. Für die Privatpersonen ist die Gegenleistung jedoch weniger Kommunikationsmittel zur Imageverbesserung als vielmehr ein Anreiz zur Unterstützung. Die Gegenleistungen divergieren je nach Crowdfunding-Projekt zwischen einem einfachen Dankeschön in Form einer E-Mail bis hin zu einer Widmung des Spenders bspw. in einem CD-Cover oder einem Buch. Ersteres ist dann mehr als Spende zu bezeichnen, da der Wert der Gegenleistung verschwindend gering und auch kein Anreiz für die Spende darstellt. Die zweite Gegenleistung kommt dem Sponsoring sehr nahe, da hier der Anreiz der Gegenleistung durch die öffentliche Erwähnung des Spenders geschaffen wird und dies auch vor allem für Unternehmen oder Privatleute, die aus Gründen der Imagepflege geben, interessant ist.

Aus Sicht der Kulturschaffenden wird Crowdfunding gerade für die privatrechtlich-kommerziellen Kulturbetriebe interessant, da es diesen weitestgehend unmöglich ist, öffentliche Gelder zu beziehen. Die Entwicklung hin zum Crowdfunding ist gerade auch als Teil einer ganzheitlichen Entwicklung der Kulturbetriebe einzuordnen, welche mit den Worten Welschs zu einer „radikalen Pluralität" führt.[161] Die Künstler wirken zunehmend in Nischen und außerhalb der traditionellen Kulturbetriebe. Dies kann man zum Beispiel in der Zunahme von Aktionskunst im Kunstbetrieb erkennen, wodurch der Kunsthandel und die klassische Arbeit von Museen deutlich verändert werden. Ebenfalls kann man es in der Computerlyrik, welche begünstigt durch die Blogs die Rolle des Autors und des Rezipienten verwischt, erkennen. Und auch im Musikbetrieb, welcher zunehmend im Internet stattfindet, gibt es gravierende Veränderungen.[162] Ganz der Idee des „Prosumenten" folgend, dass jeder Konsument auch zum Produzenten

---

[160] vgl.: Lissek-Schütz, Ellen (2011). S. 509.
[161] vgl.: Welsch, Wolfgang: Unsere postmoderne Moderne. Berlin 2008. S. 4.
[162] vgl.: Heinrichs. S. 280.

wird, können sich also einfache Privatleute einerseits als Spender und Sponsoren kultureller Projekte einbringen und diese sogar mitgestalten. Andererseits können dadurch auch eigene Projekte finanziert werden. Somit können kulturelle Nischenprodukte gefördert werden, die sonst auf dem herkömmlichen Markt, welcher größtenteils losgelöst vom Publikum ist, keine Chance hätten. Denn es sind beim Crowdfunding die Endkunden selbst, die entscheiden, welche Projekte finanziert werden. Crowdfunding ist daher auch aus Sicht der Marktforschung sehr interessant, da die Nachfrage nach einem Produkt direkt sichtbar wird.

Crowdfunding muss im Bereich der Frühfinanzierungsphase für Unternehmen, der sogenannten „Early-Stage" Phase, eingeordnet werden. Ein wichtiger Aspekt während dieser Phase ist die Finanzierung durch die 3 F – „family, friends and fools" bzw. „family, friends and fans" für Musiker oder Künstler[163]. Diese Investorengruppe kennt den Unternehmer bereits über einen längeren Zeitraum, weshalb diese mit sehr wenig Aufwand und ohne besondere Kommunikationsstrategien gewillt sind zu investieren.

II. EMPIRISCHER TEIL

Im folgenden Teil der Arbeit werden zunächst die Ergebnisse von vier unterschiedlichen Studien untersucht. Diese Studien basieren auf quantitativen Erhebungen mit jeweils unterschiedlichen Fragestellungen. Die erste Studie „Final Project: Crowd Funding and Cultural Production" von Jessica Sanfilippo befasst sich mit dem Phänomen Crowdfunding im Zusammenhang wechselseitiger Einflussfaktoren zwischen Crowdfunding und Kulturproduktion am Beispiel der Plattform „Kickstarter". In der zweiten Studie „Entrepreneurial Finance and the Flat-World Hypothesis: Evidence from Crowd-Funding Entrepreneurs in the Arts" von Ajay Agrawal, Christian Catalini und Avi Goldfarbam werden am Beispiel der Plattform „SellaBand" hauptsächlich Daten erhoben, die Aufschluss über geografische Faktoren beim Prozess des Crowdfundings geben sollen. Die dritte Studie „An Empirical Analysis of Crowdfunding" von Thomas Lambert und Armin Schwienbacher untersucht anhand

---

[163] vgl.: Agrawal. S. 3.

verschiedener Crowdfunding-Plattformen die Charakteristik von Crowdfunding und den damit verbundenen Erfolgsfaktoren. Die vierte Studie mit dem Titel „Crowdfunding Studie 20120/2011" von Jörg Eisfeld-Reschke und Karsten Wenzlaff untersucht genau wie die dritte Studie allgemeine Crowdfunding-Charakteristiken und Erfolgsfaktoren, jedoch auf deutsche Plattformen beschränkt.

Die Ergebnisse dieser quantitativen Studien sollen Aufschluss geben, welche Faktoren zum Erfolg eines Crowdfunding-Projekts beitragen. Diese Faktoren werden dann im zweiten Abschnitt wiederum an drei exemplarischen Best-Practice-Beispielen qualitativ überprüft.

7. Die Studie „Final Project: Crowd Funding and Cultural Production" am Beispiel „Kickstarter"

7.1. Die Plattform Kickstarter

Kickstarter wurde am 28. April 2009 von Perry Chen, Yancey Strickler und Charles Adler, als Crowdfunding-Plattform für kreative Projekte aller Art gestartet.[164] Zu diesem Zeitpunkt sah man in Kickstarter die erweiterte Form der bis dato bekanntesten Plattform „Sellaband", welche ausschließlich Musikprojekte unterstützte.[165] Chen, einer der Gründer von Kickstarter, war ursprünglich selbst Musiker und Musikveranstalter und wollte ein Konzert veranstalten. Jedoch sollten sich die Kosten für das Konzert auf 15 000 $ belaufen. Es kam ihm also die Idee, dass es gut wäre, vorher zu wissen, wie viele Gäste kommen würden, um einen Verlust zu vermeiden und gleichzeitig diese Gäste noch vor dem Konzert ihre Karten zahlen zu lassen, um damit das Konzert gewissermaßen vorzufinanzieren. Dies war die Grundidee von Kickstarter.[166]

Die Plattform unterstützt Projekte, die ein festgesetztes Ziel haben, also keine Unternehmen mit offenem Zeitrahmen.[167] Dabei muss das Projekt in den Kategorien

---

[164] vgl.: Wauters, Robin. Kickstarter launches another Social Fundraising Platform. http://techcrunch.com/2009/04/29/kickstarter-launches-another-social-fundraising-platform
[165] vgl.: ebd.
[166] vgl.: Adler, Carlye. How Kickstarter Became a Lab for Daring Prototypes and Ingenious Products. http://www.wired.com/magazine/2011/03/ff_kickstarter/2/
[167] vgl.: Kickstarter. http://www.kickstarter.com/help/guidelines (gesehen am 13.11.2012)

Kunst, Comics, Tanz, Design, Mode, Film, Ernährung, Spiele, Musik, Fotografie, Publishing, Technologie oder Theater eingeordnet werden können. Es werden also bewusst keine Wohltätigkeits- oder „Fund-my-Life"-Projekte unterstützt.[168] Damit ein Projekt finanziert wird, muss es nach dem „Alles-oder-Nichts-Prinzip" die geforderte Geldsumme zu 100% oder mehr erreichen. Laut Kickstarter ist so das Risiko für ein Scheitern des Projekts geringer, und es bietet Motivation für die Projektinitiatoren, die Marke zu erreichen.[169] Das Geschäftsmodell bei Kickstarter besteht aus einer Gebühr von 5% der zusammengetragenen Summe eines erfolgreichen Projekts.[170]

Bis zum 13. September 2012 wurden auf Kickstarter 29 431 von insgesamt 70 688 Projekten erfolgreich realisiert. Das entspricht einer Erfolgsrate von 43,88 %. Dabei wurden 298 Millionen von insgesamt 352 Millionen Dollar erfolgreich eingesetzt.[171]

Das folgende Diagramm zeigt die Anzahl der gesamten Projekte in Sparten unterteilt:

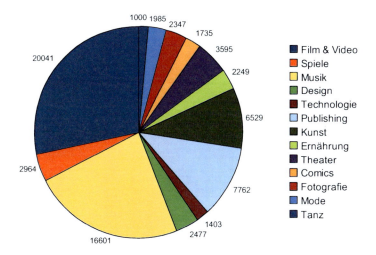

Quelle: Kickstarter Stats. http://www.kickstarter.com/help/stats (13.09.2012)

---

[168] vgl.: Kickstarter. http://www.kickstarter.com/help/guidelines (gesehen am 13.11.2012)
[169] vgl.: Kickstarter. http://www.kickstarter.com/help/faq/kickstarter%20basics#AlloFund (gesehen am 13.11.2012)
[170] vgl.: Kickstarter FAQ. http://www.kickstarter.com/help/faq/creators#Fees (gesehen am 13.11.2012)
[171] vgl.: Kickstarter Stats. http://www.kickstarter.com/help/stats (gesehen am 13.11.2012)

7.2. Die Studie

In der Studie „Final Project" von Sanfilippo wurden 39 Projekte, also drei Projekte pro Sparte, nach dem Zufallsprinzip ausgewählt und analysiert.[172] Ein besonders interessantes Ergebnis dieser Studie ist, dass die erfolgreichen Projekte mit einem Durchschnittswert von 147 % sehr hoch finanziert wurden. In die erfolglosen Projekte wurden jedoch durchschnittlich nur 17 % der geforderten Summe investiert.[173] Sanfilippo erklärt dieses Phänomen mit der „Wisdom of Crowds"-Theorie, also mit der Weisheit der Masse, welche ein Projekt entweder in gesteigerter Form fördert oder im Umkehrschluss diesem kaum Beachtung schenkt. Ein weiterer Punkt in der Untersuchung von Sanfilippo ist der Einfluss der Gegenleistungen auf das Spendenverhalten. Demzufolge liegt der populärste Spendenwert mit 23 % aller Spenden bei 25 $ und der Spendenwert mit der höchsten Einnahmequote liegt bei 100 $. Der Untersuchung ist zu entnehmen, dass niedrigere Spendenwerte zwischen 1-5 $ und 7-20% sehr ineffizient sind und kaum Einnahmen einbringen. Zu hohe Spendenbeträge ab 500 % sind hingegen sehr unpopulär.[174]

In einer weiteren empirischen Untersuchung zur Motivation der Teilnehmer findet Sanfilippo zudem heraus, dass die Projektschöpfer sich neben der Reputation und den Qualitätsmerkmalen von Kickstarter vor allem auch wegen der Einbindung der Spender in den kreativen Prozess des Projekts für die Finanzierungsmethode des Crowdfundings entschieden haben.[175] Auf der Seite der Spender wurden zwei Hauptgründe für deren Motivation herausgearbeitet. Sanfilippo stellt hierbei ebenfalls die erfolgreichen Projekte den erfolglosen gegenüber. Aufgrund der hohen Anzahl von Updates während des Crowdfunding-Prozesses der erfolgreichen Projekte sieht Sanfilippo einen Motivationsgrund im Verlangen der Nutzer am Partizipieren und Gestalten der Projekte. Desweiteren ist zu erkennen, dass bei den erfolgreichen Projekten besonders häufig erfahrungs- und anerkennungsbasierende Gegenleistungen angeboten werden. Daraus

---

[172] vgl.: Sanfilippo. S. 4ff.
[173] vgl.: ebd. S. 5.
[174] vgl.: ebd. S. 7.
[175] vgl.: ebd. S. 8.

wird geschlossen, dass die Nutzer ein gesteigertes Verlangen haben, Teil des kulturellen Produktionsprozesses zu sein, und damit die Lücke zwischen Konsumption und Produktion zu schließen.[176] Der Austausch zwischen Produzenten und Spendern ist dieser Studie zufolge während des Crowdfunding Prozesses von enormer Bedeutung für den Erfolg des Projekts.

8. Die Studie „*Entrepreneurial Finance and the Flat-World Hypothesis: Evidence from Crowd-Funding Entrepreneurs in the Arts*" am Beispiel „SellaBand"

8.1. Die Plattform „SellaBand"

Die Plattform SellaBand[177] ist ursprünglich in Deutschland gegründet worden, hat aber später ihren Hauptsitz nach Amsterdam verlegt.[178] Bereits am 15. August 2006 ging diese Plattform online, ist somit eine der ersten Crowdfunding-Plattformen und wird daher auch oft als „Grandaddy" des Crowdfunding bezeichnet.[179] SellaBand ist, wie der Name bereits vermuten lässt, ausschließlich an Bands und Musiker ohne Plattenvertrag gerichtet, die ein Musikalbum, eine Marketingkampagne, Konzerte oder andere Produkte ihres Schaffens finanzieren wollen. Dafür kann sich der Künstler kostenfrei eine Profilseite auf SellaBand anlegen und dort Informationen zu sich, Fotos, Biografie, Blogeinträge, Links und vor allem drei demonstrative Musikstücke zur Verfügung stellen.[180] Investoren, bei SellaBand „Believer" genannt, können dann wiederum sogenannte „Parts" in die Musik ihrer Wahl investieren. Diese Parts liegen im Durchschnitt bei 10 $. Die entsprechenden Gegenleistungen für die Parts können die Musiker selbst bestimmen.[181] Wie Kickstarter auch arbeitet SellaBand nach dem „Alles-oder-Nichts"-Prinzip. Die zu erreichenden Zielbeträge divergieren zwischen 3000 und

---

[176] vgl.: Sanfilippo. S. 9.
[177] vgl.: www.sellaband.com
[178] vgl.: Wikipedia. http://en.wikipedia.org/wiki/Sellaband
[179] vgl.: Kappel. S. 379.
[180] vgl.: SellaBand FAQ. http://support.sellaband.com/entries/168648-believers-f-a-q (gesehen am 13.11.2012)
[181] vgl.: ebd.

250 000 \$.[182] Die Gebühr, die für ein Projekt anfällt, beläuft sich auf 15 % für SellaBand. Außerdem werden die Investoren mit einem vom Künstler festgelegten Prozentsatz an den Verkäufen beteiligt.[183]

8.2. Die Studie

In der Arbeit von Agrawal et al. wurden die 34 Projekte auf SellaBand untersucht, die zwischen 2006 und 2009 erfolgreich umgesetzt wurden. Man muss darauf hinweisen, dass diese Untersuchung vor dem Relaunch der Seite im Jahre 2009 stattgefunden hat und zu dieser Zeit eingeschränktere Richtlinien galten. Es konnten zu diesem Zeitpunkt beispielsweise ausschließlich Musikproduktionen gefördert und diese zu einem festgesetzten Wert von 50 000 \$ auf der Seite angeboten werden.[184]

Zunächst werden einige generelle Daten erhoben, um die Dimensionen der Ergebnisse besser einschätzen zu können. So beträgt zum Beispiel die durchschnittliche Dauer der 34 Projekte, bis die Summe von 50 000 \$ erreicht wurde, 53 Wochen, und jedes Projekt wird von durchschnittlich 609 verschiedenen Investoren finanziert.[185] Die einzelnen Investoren investieren wiederum im Durchschnitt in 2,5 Projekte und machen dabei 4,3 unterschiedliche Investments, von denen mehrere in ein Projekt fließen können. Die durchschnittliche Gesamtsumme der insgesamt 8149 individuellen Investoren beläuft sich während der Studie auf 208 \$ pro Investor. Das entspricht einem Durchschnittswert von 82 \$, den ein einzelner Investor pro Projekt ausgibt [186]

Der Kern der Arbeit beschäftigt sich hauptsächlich mit dem Spendenverhalten in Bezug auf die lokale Ausrichtung und geografische Distanz zwischen Künstler und Spendern. Es wird zunächst festgelegt, dass es sich bei einer Distanz zwischen Künstler und Spender unter 50 km um ein lokales und darüber um ein entferntes Verhältnis handelt.[187] Die Arbeit von Agrawal et al. kommt zu dem Ergebnis, dass lokale

---

[182]   vgl.: SellaBand FAQ. http://support.sellaband.com/entries/168648-believers-f-a-q (gesehen am 13.11.2012)
[183]   vgl.: ebd.
[184]   vgl. Agrawal et al. S. 4.
[185]   vgl.: ebd. S. 6.
[186]   vgl.: ebd. S. 7.
[187]   vgl.: Agrawal et al. S. 7.

Investitionen mit durchschnittlich 196 $ höher sind als entfernte Investitionen, die nur 74 $ im Durchschnitt betragen. Die Mehrheit der Investoren ist jedoch als entfernte Investoren einzustufen, weshalb die Mehrheit der gesamten Kapitalanlagen von entfernten Investoren kommt.[188]

Nach einer ökonometrischen Formel, in welcher der Wert und Gegenwert der Kapitalanlage sich aus dem kumulativen Investment der Vorwoche, der Investoren-Spender Distanz, der Zeit und einem idiosynkratischen Fehlerterm ergibt, werden die folgenden Ergebnisse bezogen:[189]

Das erste Ergebnis zeigt, dass die Neigung eine Investition zu tätigen, steigt, wenn zuvor bereits einige Beträge eingegangen sind. Ein Investor ist der Untersuchung zufolge geneigt, 2,1 %-Punkte mehr zu geben für ein Projekt, das bereits 10 000-20 000 $ akkumuliert hat, als einem Projekt unter 10 000 $. Weitere 8,4 %-Punkte mehr ist ein Investor geneigt zu geben, wenn die akkumulierte Summe 40 000 $ übersteigt.[190]

Das zweite Ergebnis der Untersuchung zeigt, dass lokale Investoren geneigt sind, eher am Anfang des Crowdfunding-Prozesses, also bis zu einem Volumen von 20 000 $, als danach zu investieren.[191]

Schließlich widmet sich die Untersuchung der Gruppe „Family, Friends and Fans" (im Folgenden FFF genannt), welche als außerhalb der lokalen und fernen Investoren stehend und getrennt von diesen betrachtet werden müssen. In Agrawal et al. werden die FFF wie folgt definiert:

- Die FFF-Investoren investieren in ihren fokalen Unternehmer vor allen anderen Projekten der Plattform, da sie in der Regel wegen diesem der Plattform beigetreten sind.
- Die Investition des FFF-Investors in den fokalen Unternehmer ist deren höchste Investition.
- Der Investor investiert nicht in mehr als drei weitere Projekte.[192]

---

[188] vgl.: ebd.
[189] vgl.: ebd. S. 8.
[190] vgl.: ebd. S. 10.
[191] vgl.: ebd. S. 11.
[192] vgl.: Agrawal et al. S. 12.

Die Untersuchung zeigt, dass FFF-Investoren deutlich weniger Informationen über die Plattform austauschen als andere Investoren. Im Durchschnitt senden diese 34-mal weniger E-Mails, posten 29-mal weniger Kommentare, erhalten 5-mal weniger E-Mails und erhalten 16-mal weniger Kommentare als die restlichen Investoren.[193] FFF-Investoren kommunizieren in der Regel auf anderen Kanälen mit den Unternehmern, weshalb diese Werte zustande kommen. Im Durchschnitt investieren FFF-Investoren ein Drittel der Gesamtinvestitionen eines Projekts bis zur Summe von 500 $ oder äquivalent nach vier Wochen.[194]

FFF-Investoren sind zu 63 % lokale Investoren und nur zu 16 % entfernte Investoren. Qualitativ sind jedoch die lokalen und entfernten FFF-Investoren ähnlich zueinander. FFF-Investoren tendieren dazu am Anfang des Crowdfunding-Prozesses zu investieren, währenddessen die anderen Investoren, egal ob lokal oder entfernt, eher später investieren, wenn das Projekt bereits Kapital akkumuliert hat.[195]

9. Die Studie „*An Empirical Analysis of Crowdfunding*"

In der Arbeit „An Empirical Analysis of Crowdfunding" von Lambert/Schwienbacher werden unterschiedliche Crowdfunding-Projekte zwischen 2009 und 2010 untersucht.[196] Es handelte sich um Projekte, die teilweise mit und teilweise ohne die Zwischenschaltung eines Intermediärs durchgeführt wurden. Für die Untersuchung wurden Fragebögen an 69 Crowdfunding-Projekte gesendet, von denen 21 beantwortet zurückkamen. Das entspricht einer Antwortrate von ungefähr 30 %.[197] Dies ist zwar eine relativ hohe Antwortrate, jedoch ist die Gesamtanzahl sehr gering für eine statistische Auswertung. Dies ist vor allem dem Fakt geschuldet, dass Crowdfunding zu der Zeit ein sehr junges Phänomen und noch nicht weit verbreitet war.

Im Folgenden werden zunächst allgemeine Ergebnisse der Befragungen aufgezeigt. Von

---

[193] vgl.: ebd.
[194] vgl.: ebd. S. 13.
[195] vgl.: ebd.
[196] vgl.: Lambert/Schwienbacher. S. 7ff.
[197] vgl.: ebd. S. 8.

den untersuchten Projekten stammen 35,3 % aus den USA und 49 % aus Europa. Von den Projekten werden 63,2 % von einem einzelnen, 15,8 % von zwei und 21,1 % von drei Gründern durchgeführt. 70 % dieser Gründer haben einen Universitätsabschluss und 10 % sind noch an der Universität eingeschrieben.[198]

Als Motivationsgrund gaben 85 % der Probanten, neben dem Aufbringen von Geld natürlich, auch den Wunsch nach öffentlicher Aufmerksamkeit an, und 60 % erhofften sich Feedback zu ihren Produkten bzw. Angeboten.[199]

76,5 % der Projekte bieten ihren Spendern eine Gegenleistung an. Wiederum 66,7 % dieser Projekte nutzen als Gegenleistung ihr eigenes Produkt und 33,3 % bieten die Möglichkeit einer zukünftigen Dividende an.[200]

Die Geldgeber werden nach ihrer Investitionsform eingeteilt. Demnach sind 22 % reine Spenden und demnach keine Investitionen, 32 % sind aktive Investoren und 60 % sind passive Investoren.[201]

Als Kommunikationsmittel dient wie bereits beschrieben vor allem das Internet. Am Häufigsten sind die Nutzung der eigenen Homepage, Blogs, Facebook und Twitter.

Im Hinblick des Erfolgs der untersuchten Crowdfunding-Projekte werden vor allem die Non-Profit-Organisationen hervorgehoben, die mit Abstand am erfolgreichsten sind. Diese tendieren, im Gegensatz zu anderen Projekten, 200 % über dem angestrebten Crowdfunding-Ziel zu liegen.[202]

10. Die „*Crowdfunding-Studie 2010/2011*"

In dieser Studie wurden im Zeitraum von Mai 2010 bis April 2011 Projekte auf den deutschen Crowdfunding-Plattformen „inkubato", „mySherpas", „pling", „respekt.net", „Startnext" und „VisionBakery" befragt.[203] Von 125 angefragten Projekten nahmen 25 an der Untersuchung teil, das entspricht einer Quote von 20 %. Es sollen im Folgenden die Ergebnisse der Studie zusammengetragen werden, die thematisch an die

---

[198] vgl.: Lambert/Schwienbacher. S. 9.
[199] vgl.: ebd.
[200] vgl.: ebd.
[201] vgl.: ebd.
[202] vgl.: ebd. S. 11.
[203] vgl.: Eisfeld-Reschke et al. S. 8f.

47

vorangegangenen Studien anknüpfen.

Die Studie erfasst zunächst Einzelprojekte und Projektserien. 48 % der untersuchten Projekte sind demzufolge Einzelprojekte und 32 % sind Teil einer Serie.[204]

In der Studie wird vorausgesetzt, dass die Projekte immer auch Gegenleistungen an die Unterstützer anbieten. Es wurde die Zufriedenheit der Projektinitiatoren mit den Gegenleistungen, in Hinblick auf den konzeptionellen Aufwand und auf die Abnahme der Gegenleistungen durch die Unterstützer, untersucht. 56 % der Befragten geben an, „sehr zufrieden" gewesen zu sein, 24 % waren „eher zufrieden" und 8 % waren „eher unzufrieden".[205]

Auch der Bekanntheitsgrad unterschiedlicher Plattformen wurde untersucht. So sind die deutschen Plattformen Startnext mit 68 % und mySherpas mit 56 % am bekanntesten. In diese Umfrage wurden ebenfalls die zwei internationalen Plattformen Kickstarter und IndieGoGo mit aufgeführt. Kickstarter ist mit 76 % deutlich die bekannteste Plattform.[206]

Hauptgründe für das Aufkommen deutschsprachiger Plattformen generell und für die Wahl der Initiatoren diese zu nutzen, kann man in dem Ergebnis erkennen, dass 32 % der Probanten das persönliche Kennenlernen und Sympathie zu den Plattformbetreibern als Grund für ihre Entscheidung angaben.[207] Weiteren 8 % war die örtliche Nähe wichtig und 8 % wurden sogar direkt von Plattformbetreibern angesprochen.[208]

Der Kommunikationsmix setzt sich aus folgenden Komponenten zusammen: 44 % nutzen Videobotschaften, 48 % weisen in Blogs auf ihr Projekt hin, 72 % senden Emails an Freunde und Interessierte, 76 % nutzen eine eigene Homepage, 72 % nutzen Facebook, 48 % senden Nachrichten über Twitter, 52 % arbeiten mit klassischen Pressemedien zusammen und 40 % nutzen sonstige Kommunikationswege. Von diesen Kommunikationsmitteln nutzten 13 % ein bis zwei, 30 % nutzten jeweils 3 bis 4 bzw. 5 bis 6, und mehr als 25 % der Projektinitiatoren gab an über sieben der Kommunikationsformen zu nutzen.[209]

---

[204] vgl.: Eisfeld-Reschke et al. S. 9.
[205] vgl.: ebd. S. 10.
[206] vgl.: ebd. S. 11.
[207] vgl.: ebd.
[208] vgl.: ebd.
[209] vgl.: Eisfeld-Reschke et al. S. 12.

Von insgesamt 125 Projekten waren 67 (53,6 %) erfolgreich und 58 (46,4 %) nicht erfolgreich.[210]

Die folgende Tabelle aus der Studie zeigt die Projektkategorien und ihre Erfolgsquoten geordnet nach ihrer Häufigkeit.

Kategorie	erfolgreich	nicht erfolgreich	Summe	Erfolgsquote
Gesundheit	0	1	1	0,00%
TV-Serie	0	1	1	0,00%
Hörspiel	1	0	1	100,00%
Spiel	1	0	1	100,00%
Infomaterial	2	0	2	100,00%
Mode	0	2	2	0,00%
Entwicklungshilfe	2	0	2	100,00%
Studie	4	1	5	80,00%
Magazin	3	4	7	42,00%
Unternehmen	4	3	7	57,00%
Musikalbum	7	3	10	70,00%
Buch	5	6	11	45,00%
Kunst	3	8	11	27,00%
Film	5	10	15	33,00%
Aktion	11	5	16	68,00%
Veranstaltung	20	14	34	58,00%
Gesamtergebnis	67	58	125	

Quelle: Eisfeld-Reschke et al. S. 16.

Im Anschluss daran wurden die Mittelwerte der erwirtschafteten Geldbeträge erfolgreicher Projekte untersucht. Dabei wurden nur die Projektkategorien berücksichtigt, die mindestens drei erfolgreiche und mehr als fünf Projekte insgesamt haben.

Die Mittelwerte belaufen sich wie folgt: Magazine mit 1545 €, Veranstaltungen mit 2044 €, Kunstprojekte mit 2266 €, Unternehmen mit 2308 €, Musikalben mit 2699 €, Aktionen mit 2795 €, Studien mit 4797 €, Bücher mit 5093 € und schließlich Filme mit

---

[210] vgl.: ebd. S. 15.

6213 €.[211]

Diese Kategorien mit mindestens drei erfolgreichen Projekten werden in der folgenden Tabelle um die durchschnittliche Projektdauer in Tagen, die Anzahl der durchschnittliche Anzahl der Unterstützer und durchschnittlicher Anzahl der Updates ergänzt.

Kategorie	Ø Erreichte Summe in €	Ø Länge Projektdauer	Ø Anzahl Unterstützer	Ø Anzahl Updates
Magazin	1545	60	33	3
Veranstaltung	2044	108	15	10
Kunst	2266	86	16	6
Unternehmen	2308	64	24	5
Musikalbum	2699	65	85	8
Aktion	2795	129	19	29
Studie	4798	157	26	2
Buch	5094	114	21	4
Film	6213	62	71	3

Quelle: Eisfeld-Reschke et al. 16.

Es steht eine deutliche Unterfinanzierung der nicht finanzierten Projekte und eine durchschnittliche Überfinanzierung der finanzierten Projekte gegenüber. Von der durchschnittlichen Zielsumme der nicht finanzierten Projekte von 3767 € wurden im Durchschnitt nur 199 € erreicht. Das entspricht einer Quote von 5,3 %.[212] Im Gegensatz dazu erreichten die finanzierten Projekte, bei einer durchschnittlichen Summe von 2719 €, eine Überfinanzierung von durchschnittlich 2943 €. Die erfolgreichen Projekte wurden damit im Durchschnitt mit 108 % überfinanziert.[213]

Es ist an dieser Stelle anzumerken, dass 94 % der eingenommenen Gelder von erfolglosen Projekten trotzdem an die jeweiligen Projekte ausgezahlt wurden.

Im Hinblick auf die Unterstützer verhält es sich ähnlich wie mit der Verteilung der gespendeten Geldbeträge. Von insgesamt 2624 Unterstützern bei insgesamt 125 Projekten fielen auf die erfolgreichen Projekte 2216 und auf die nicht erfolgreichen

---

[211] vgl.: Eisfeld-Reschke et al. S. 16.
[212] vgl.: ebd. S. 17.
[213] vgl.: ebd.

Projekte 408 Unterstützer.[214] Die durchschnittlichen Geldbeträge, die pro Unterstützer gezahlt wurden, spiegeln dieses Verhältnis ebenfalls wider. So beträgt die Durchschnittssumme pro Unterstützer 79,55 € für alle Projekte. Die erfolgreichen Projekte jedoch haben einen durchschnittlichen Betrag von 89,08 € und der durchschnittliche Betrag pro Unterstützer der nicht erfolgreichen Projekte beträgt nur 28,28 €. Ebenfalls ist auch die Anzahl der Unterstützer der erfolgreichen Projekte mit 33 deutlich höher als die der erfolglosen Projekte mit durchschnittlich sieben Unterstützern.[215]

Im Hinblick auf die Kommunikationsmittel der Projekte wurden in der Studie von Ikosom, ebenfalls wie in der Untersuchung bei Sanfilippo, die Updates der Projekte untersucht. Durchschnittlich wurden pro Projekt drei Updates veröffentlicht. Die erfolgreichen Projekte hatten durchschnittlich vier und die erfolglosen zwei Updates. Es gab aber auch 19 erfolgreiche Projekte die keinerlei Updates herausgaben und ebenfalls drei erfolgreiche Projekte, die den Maximalwert von 19 Updates herausbrachten.

In der nachfolgenden Tabelle, in der die Anzahl der Updates und die durchschnittlich erwirtschafteten Beträge erfasst sind, ist zu erkennen, dass die Anzahl der Updates ein Indikator für den Erfolg des Projektes sein kann. Jedoch kann man nicht davon ausgehen, dass mit einer höheren Anzahl von Updates auch höhere Beträge zusammengetragen werden können.

Anzahl der Updates	Erfolgreich in €	Nicht erfolgreich in €	Alle in €
0	1431	89	579
1	1777	106	1181
2	5488	354	4846
3	1924	39	1139
4	3114	313	2314
5	8397	364	1971
6	2549	57	1718
8	3619	1564	2592

---

[214] vgl.: Eisfeld-Reschke et al. S. 18.
[215] vgl.: ebd.

9	2959	109	2009
10	13881		13881
12		2000	2000
13	2505		2505
14	7398		7398
15	1120		1120
16	500	42	271
17	3475		3475

Quelle: Eisfeld-Reschke et al. S. 19.

11. Die Studie „Der Monitor" von Für-Gründer.de: „Entwicklungen von Crowd funding und Crowd investing in Deutschland"

Die Studie ist eine Veröffentlichung von „Für-Gründer.de" die aktuelle Fakten, Zahlen und Tendenzen der deutschen Crowdfunding-Szene dartellt. Sie wird einmal im Quartal veröffentlicht. Die hier zugrunde liegende Studie behandelt das dritte Quartal 2012. Demnach ist ein deutliches Wachstum im Verlauf des Jahres 2012 zu verzeichnen. Das folgende Diagramm vergleicht die Finanzierungssummen von 2011 und 2012, die von allen deutschen Crowdfunding-Plattformen zusammengetragen wurden. Es wurden hierbei jedoch nur die projektorientierten Plattformen einbezogen. Die Crowdfunding-Plattformen zur Finanzierung von Start-ups wurden in dem Bericht gesondert als „Crowd invest" aufgeführt.

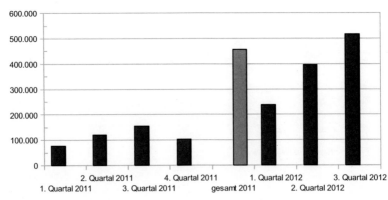

Quelle: „www.für-gründer.de"

52

Man kann einen deutlichen Anstieg der Finanzierungssummen erkennen. Allein das dritte Quartal 2012 übertrifft mit 517.475 € die Gesamtsumme von 2011 mit 457.924 €. Zudem wird bereits im dritten Quartal die Gesamtfinanzierungssumme von 1,154 Mio. € erreicht, was eine Steigerung von 150 % gegenüber 2011 ausmacht.[216] 90 % des finanzierten Kapitals im dritten Quartal 2012 stammt dabei von der Plattform „Startnext".[217]

Die Mehrheit der Projekte sind mit 68 % kommerzielle Projekte. Der Anteil nicht-kommerzielle Projekte beträgt 36 %.[218]

Erfolgreiche Projekte wurden von durchschnittlich 49 Unterstützern unterstützt, die im Schnitt 65 € investierten.[219] Die erfolgreichen Projekte sammelten dabei im Durchschnitt 120 % des angestrebten Fundingziels ein.[220]

Während im Jahr 2011 von 442 Gesamtprojekten 170 erfolgreich finanziert wurden (Erfolgsquote von 38 %), wurden von Januar bis September 2012 bereits 358 von 855 Projekten (Erfolgsquote von 42 % erfolgreich finanziert.[221] Auch die durchschnittliche Finanzierungssumme pro Projekt, die 2011 noch 2694 € und 2012 bereits 3225 € betrug, nahm deutlich zu.[222]

12. Zwei Best-Practice-Beispiele des Musikbetriebs

Um die vorangegangenen Ergebnisse der quantitativen Studien an Beispielen zu untersuchen, werden im folgenden Abschnitt die Faktoren der Studien in Form von Interviews an zwei Best-Practice-Beispielen untersucht. Die Beispiele haben ihre Projekte auf der in Deutschland ansässigen Plattform „Startnext" gestartet.

---

[216] vgl.: Für-Gründer.de-Monitor. S. 3.
[217] vgl.: ebd.
[218] vgl.: ebd. S. 10.
[219] vgl.: ebd. S. 16.
[220] vgl.: ebd.
[221] vgl.: ebd. S. 5f.
[222] vgl.: ebd.

12.1. Die Plattform „Startnext"

Die Plattform „Startnext" wurde im Sommer 2010 von Tino Kreßner und Denis Bartelt gegründet und hatte ihren Sitz zunächst in Dresden und mittlerweile zusätzlich in Berlin.[223] Die Plattform unterteilt den Crowdfunding-Prozess in unterschiedliche Phasen. In der Vorbereitungsphase werden zunächst Ratschläge gegeben, die zu einem Erfolg des Projekts beitragen sollen. Die Homepage liefert dafür Hinweise zur Vorbereitung des Crowdfunding-Projekts, zur Kommunikationsstrategie, zum gewünschten Budget, zu den Gegenleistungen und bietet zudem einen Projektbetreuer an, der für Fragen und zur gemeinsamen Planung zur Verfügung steht.[224] Im zweiten Schritt, der Bearbeitungsphase, wird das Projekt auf die Plattform gestellt, ist jedoch nur vom Initiator und den Plattformbetreibern sichtbar. In dieser Phase können beide Parteien die Inhalte noch bearbeiten und diskutieren[225]. „Startnext" gibt folgende Ziele vor, um in die Startphase zu gelangen:

- Kopf- und Titelgrafik sind eingepflegt
- Projektplan ausgefüllt
- alle Fragen zur Projektbeschreibung beantwortet
- sinnvolle Dankeschöns eingepflegt
- Profilbild und Informationen zur Person sind eingepflegt[226]

Während des dritten Schritts, der Startphase, ist das Projekt bereits online und kann von „Fans" eingesehen werden. In dieser Phase sollen die Prinzipien des Crowdsourcings zum Tragen kommen, indem Freunde und Fans Ideen und Vorschläge zur Verbesserung der Finanzierung liefern können.[227] Diese Phase darf maximal 30 Tage dauern. Wenn in dieser Zeit nicht die nötigen Fans akquiriert worden sind, wird das Projekt beendet

---

[223] vgl.: Startnext FAQ. http://faq.startnext.de/general/id/Was+ist+Startnext-1/modul/general/aid/3 (gesehen am 13.11.2012)
[224] vgl.: Startnext Leitfaden. http://www.startnext.de/Hilfe/leitfaden.html (gesehen am 13.11.2012)
[225] vgl.: ebd. Schritt 2: Bearbeitungsphase.
[226] vgl.: ebd.
[227] vgl.: ebd. Schritt 3: Startphase.

und später evtl. von „Startnext" wieder freigeschaltet.[228]

Wenn das Projekt eine bestimmte Anzahl von Fans generiert hat, wird es für den vierten und eigentlichen Schritt, der Finanzierungsphase, zugelassen. Die Anzahl der Fans hängt dabei von der gewählten Finanzierungssumme ab.[229] Folgende Ziele werden wiederum vorgegeben, um in die Finanzierungsphase zu gelangen:

- benötigte Anzahl an Fans erreicht
- Fidor-Konto mit Startnext-Profil verknüpft
- PostIdent durchgeführt
- Pitchvideo (kein Trailer/Teaser) erstellt und eingebunden
- Bilder eingepflegt[230]

Während der Finanzierungsphase kann das Projekt innerhalb eines selbstgewählten Zeitrahmens (maximal drei Monate) unterstützt werden, und es wird nach dem „Alles-oder-Nichts-Prinzip", also wenn mindestens 100 % des Projektbudgets erreicht worden sind, finanziert.[231] In dieser Phase können über einen plattformeigenen Projektblog Updates zum Status der Finanzierung oder generelle Neuigkeiten eingestellt werden. Zudem können evtl. bereits vorhandene Sponsoren angegeben werden.[232]

Im letzten Schritt, der Post-Finanzierungsphase, kann der Projektinitiator im Falle eines Erfolgs zunächst den Unterstützern danken, um dann mit der Durchführung des Projekts zu beginnen und die Dankeschöns an die Unterstützer weiterzuleiten.[233]

12.2. Best-Practice-Beispiel „Pretty Mery K"

Das erste Beispiel behandelt die Band „Pretty Mery K" und ihr Crowdfunding-Projekt

---

[228] vgl.: Startnext Leitfaden. http://www.startnext.de/Hilfe/leitfaden.html (gesehen am 13.11.2012)
[229] vgl.: Startnext FAQ. (0-500€ benötigen 10 Fans, 501€-2500€ benötigen 25 Fans, 2501€-5000€ benötigen 50 Fans, 5001€ - 7500€ benötigen 75 Fans, über 7501€ benötigen 100 Fans) http://faq.startnext.de/Detailseite/id/Wie+viele+Fans+brauche+ich+in+der+Startphase+um+in-135/modul/Projektphasen/aid/117 (gesehen am 13.11.2012)
[230] vgl.: Startnext Leitfaden. http://www.startnext.de/Hilfe/leitfaden.html (gesehen am 13.11.2012)
[231] vgl.: ebd. Schritt 4: Finanzierungsphase.
[232] vgl.: ebd.
[233] vgl.: ebd. Schritt 5: Post-Finanzierungsphase.

auf „Startnext" zur Finanzierung ihres Debutalbums. Die Band gibt es seit 2009 und sie haben sich in der Stadt Dresden gegründet. Ihren Musikstil bezeichnen sie selbst als Indie-Pop. Nach eigenen Angaben kommen zu ihren Konzerten 20 bis 100 Gäste. Vor dem Crowdfunding ihres Debutalbums hatten sie bereits eine EP aufgenommen, von der sie ungefähr 300 verkauft haben. In den Crowdfunding-Prozess waren drei Personen der Band involviert, von denen zwei die Seite aufgebaut und das Video zur Präsentation der Kampagne gedreht haben. Im Anschluss haben alle Mitglieder Werbung für die Kampagne gemacht. Bevor das Projekt auf Startnext gestartet wurde, hatten die Mitglieder noch keine Erfahrungen mit Crowdfunding gemacht. Neben der Finanzierung ihres Albums wollte die Band durch die Crowdfunding-Kampagne vor allem ihre Fans in die Produktion einbeziehen und somit Distanz abbauen. Der Unterstützer sollte ein Teil des Projekts werden. Außerdem wollten sie durch die Aktion an sich und durch die Werbemaßnahmen Aufmerksamkeit erregen und gleichzeitig ihren Hörerkreis erweitern. Für die Plattform „Startnext" hatten sie sich entschieden, weil diese aus Dresden, also ihrem damaligen Wohnort, kommt.

Das Projekt sollte eine Summe von 3.000 € erreichen und wurde am Ende mit 3.147 € finanziert. Die Finanzierungsphase erstreckte sich über den Zeitraum vom 19.8. bis 31.10. 2011. Die Beitragsstaffelung und entsprechenden Gegenleistungen, die bei „Startnext" als „Dankeschön" bezeichnet werden, gliedern sich wie folgt:

Betrag	Titel	Originalbeschreibung	Anzahl Unterstützer
5,00 €	Ruhm und Ehre	„Demjenigen der unser Projekt uneigennützig unterstützt sind wir zu ewigem Dank verpflichtet."	1
8,00 €	Konzertkarten	„Du kommst bei einem Konzert deiner Wahl auf die Gästeliste."	4
15,00 €	CD	„Wir schicken dir unser neues Album direkt zu, sobald es aus dem Presswerk raus ist."	22
20,00 €	CD mit persönlicher Widmung	„Alle Bandmitglieder unterschreiben und wir schicken dir die CD noch vor dem offiziellen Release zu."	30

| 100,00 € | Erwähnung und Dank im CD Booklet | „Deine großzügige Unterstützung wird gewürdigt, indem du auf Ewig und alle Zeit namentlich im CD Booklet als Held genannt wirst." | 2 |
| 600,00 € | Hauskonzert | „Wir kommen zu dir nach Hause und spielen nur für dich und geladene Gäste. Ob verstärkt oder akustisch hängt von dir und deinen Nachbarn ab." | 1 |

Quelle: http://www.startnext.de/pretty-mery-k-album (gesehen am 13.11.2012)

Auf Startnext stellte die Band ein Video über einen eingebetteten YouTube-Player, ein Klangbeispiel über einen eingebetteten Player von Soundcloud[234] und Informationen zur Band ein.

Auf der Plattform „Startnext" können in einem sogenannten Projektblog vom Projektinitiator, der auf der Plattform „Starter" genannt wird, Blogeinträge mit Neuigkeiten veröffentlicht werden. Zusätzlich können auch Updates veröffentlicht werden. Die Band „Pretty Mery K" hat zwei Blogeinträge gemacht.

Der erste Eintrag ist vom 21.08.2011: *„Liebe Unterstützer, wir haben nun den Finanzierungsstatus erreicht. Vielen Dank dafür!. Wenn ihr Lust habt unsere Albumaufnahme zu unterstützen, damit sie zu einem erfolgreichen Ende geführt werden kann: Jetzt ist es möglich und es lohnt sich wirklich! Besten Dank und lieben Gruß, Pretty Mery K "[235]*

Dieser Beitrag weist auf die erreichte Finanzierungsphase hin, welche zu diesem Zeitpunkt den eigentlichen Crowdfunding-Prozess einleitet.

Der zweite Eintrag ist vom 30.01.2012:
„Liebe Unterstützer, unser Debutalbum ist heute bei uns angekommen und wir sind gerade dabei euch eure CDs zuzusenden! Wir geben uns zwar die größte Mühe, aber falls ihr in den nächsten Tagen kein Päckchen erhaltet bitte meldet euch dann bei uns:

---

[234] Soundcloud: http://soundcloud.com/
[235] Startnext. http://www.startnext.de/pretty-mery-k-album/blog/ (gesehen am 13.11.2012)

prettymeryk@googlemail.com. Vielen lieben Dank noch einmal für eure Unterstützung und vielleicht sehen wir uns auf einem unserer Konzerte. Diejenigen, die sich über Startnext Konzertkarten bestellt haben, bitte schreibt eine Mail an unsere Mail Adresse zu welchem Konzert ihr kommen möchtet. Viel Spass und alles Gute. Liebe Grüße senden euch, Meryem, Micha, Ben & Dirk Hier die schon feststehenden Daten unserer Tour: (...)"[236]

Die Band hat nach eigenen Angaben eine deutliche Veränderung im Spendenverhalten bemerkt, nachdem die Updates auf Startnext veröffentlicht wurden. Weiterhin sah die Band eine starke Beeinflussung des Spendenverhaltens in der Aktion, während der Tournee Flyer zu verteilen, um auf die Crowdfunding-Kampagne auf „Startnext" aufmerksam zu machen. Die Tournee erstreckte sich über 13 Konzerte und fand im Zeitraum vom 22.09.2011 bis 11.10.2011 statt.[237] Die Tournee wurde zudem als „Record-Release-Tour" angekündigt, welche im Rahmen des zu finanzierenden Albums lief. Weitere Kommunikationsmittel der Band waren außerdem herkömmliche „Mundpropaganda" und das soziale Netzwerk Facebook, auf dem die Band zum Zeitpunkt des Crowdfundings ca. 600 Fans hatte. Auf Facebook veröffentlichte die Band während der Finanzierungsphase fünf Einträge, die in Bezug zu der Crowdfunding-Aktion standen.[238] Die folgende Tabelle zeigt diese Einträge und deren Viralitätsfaktor, der auf Basis der Studie der „vi knallgrau" GmbH und des FH Joanneum Graz errechnet wurde.[239] Der Viralitätsfaktor setzt sich aus dem prozentualen Verhältnis der Likes, Shares und Kommentare eines Beitrags zusammen, die dann ins Verhältnis zu den Fans der Seite gesetzt werden.

---

[236] Startnext. http://www.startnext.de/pretty-mery-k-album/blog/ (gesehen am 13.11.2012)
[237] vgl.: https://www.facebook.com/events/190731027667368/ (gesehen am 13.11.2012)
[238] vgl.: https://www.facebook.com/prettymeryk (gesehen am 13.11.2012)
[239] vgl.: http://allfacebook.de/zahlen_fakten/studie-welche-inhalte-funktionieren-auf-facebook-und-wie-wird-die-viralitat-beeinflusst/ (gesehen am 13.11.2012)

$$\text{Viralitätsfaktor:} \quad \frac{\text{Likes} + \text{Shares} + \text{Kommentare}}{\text{Fananzahl}} * 100$$

Datum	Art des Postings	Likes	Kommen-tare	Shares	Viralitäts-faktor
16.09.11	Text mit Hinweis zum Crowdfunding und Link zur Startnext Homepage	3	0	0	0,5
10.10.11	Text mit Konzertankündigung, Hinweis zum Crowd funding und Link zur Startnext Homepage	1	1	1	0,5
04.10.11	Text: „Pretty Mery K nackt!", Link zur Startnext Homepage und Video eines Konzertmitschnitts	6	3	0	1,5
22.10.11	Text: „Unser Debut- Album ist zu 2/3 finanziert. Helft uns, das letzte Drittel aufzufüllen, indem ihr das Album vorbestellt! Danke euch." und Link zu Startnext	0	0	1	0,17
27.10.11	Text mit Hinweis zum erreichten Crowdfunding Ziel und, dass weiterhin unterstützt werden kann. Link zu Startnext	12	4	1	2,83

Quelle: https://www.facebook.com/prettymeryk (gesehen am 13.11.2012 / Fananzahl: ca. 600 zur Zeit des Crowdfundings)

Das folgende Diagramm zeigt den zeitlichen Verlauf der Kampagne (x) und die jeweilige Anzahl an Unterstützern pro Tag (y).[240]

---

[240] Daten wurden von „startnext" übernommen: http://www.startnext.de/pretty-mery-k-album/supporter/ (gesehen am 13.11.2012)

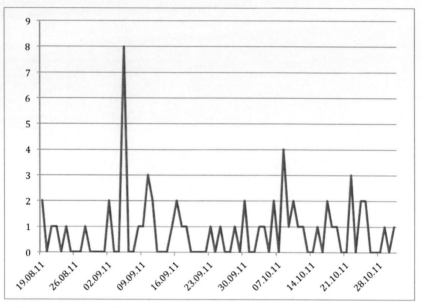

Quelle: http://www.startnext.de/pretty-mery-k-album/supporter/ (gesehen am 13.11.2012)

12.3. Best-Practice-Beispiel „The Hirsch Effekt"

Die Band „The Hirsch Effekt" hat sich im Jahr 2009 in der Stadt Hannover gegründet. Ihren Stil bezeichnen sie als „Indielectro-Post-Punk-Metal", und zu den Konzerten kommen zwischen 50 bis 100 Personen. Die Band hat bereits zwei Alben und zwei Singles aufgenommen, von denen insgesamt bisher ca. 2500 verkauft wurden.

In den Prozess des Crowdfundings war die gesamte Band involviert. Auch „The Hirsch Effekt" hatte vor dieser Aktion keine Erfahrung mit Crowdfunding gemacht. Mit der Aktion wollten sie einen Film zu ihrer Tour finanzieren. Neben dem Beschaffen des Geldes wollten sie ebenfalls durch das Crowdfunding ihre Fans in den Film mit einbeziehen.

Die Band wollte ursprünglich 800 € einsammeln und wurde am Ende mit 1912 €

finanziert. Das entspricht einer Finanzierung von 239 %.[241]

Für das Projekt erstellten die Musiker elf Gegenleistungen, die in der folgenden Tabelle aufgelistet sind.

Betrag	Titel	Originalbeschreibung	Anzahl Unterstützer
3,00 €	Danksagung	Am Ende des Films bedanken wir uns persönlich bei dir.	17
5,00 €	Private Lesestunde mit Nils	Nils liest nach jedem Konzert in kleiner Runde vor. Bücher dürfen mitgebracht werden.	3
6,00 €	Ansagen Erfinder	Du denkst dir eine Ansage für einer der Konzerte der Tour im September aus (und sollst auch noch dafür bezahlen?!). Dafür wird jeder Konzertgast deine Message hören. Von "Der nächste Song hat den dümmsten Titel, den [Dein Name] je gehört hat" bis "Lentevelt spielen wir heut Abend für Harry. Gerline mag dich immer noch voll gerne." ist vieles möglich.	1
10,00 €	Exklusiver Konzertgast bei der Recording Session in den Leipziger Lala-Studios	Sei am 29.9. am frühen Vormittag einer von 5 exklusiven Konzertgästen während wir den Live-Mitschnitt für den Film einspielen. Die Recording-Session findet in den Lala-Studios in Leipzig statt.	5
12,00 €	TOURFILM DVD-R UNIKAT	Du bekommst den Tourfilm in bestmöglicher Qualität auf eine DVD gebrannt. Den Rohling werden wir dir persönlich signieren. Dieser wiederum steckt in einem Pappschuber, den unser Bassist Ilja handbemalt hat. Jeder Pappschuber wird ein Unikat sein!	84
15,00 €	Stadtführung Marburg	Wir waren zwar noch nie dort, aber wenn du willst wird Ilja dir am 18.9. nach dem Frühstück die tollsten Sachen über die Marburger Innenstadt erzählen.	1
18,00 €	Wir schreiben von jedem Auftrittsort eine Postkarte	Du bekommst von allen 13 Stationen der Tour von irgendeinem der Travel-Party eine persönliche Postkarte. Da 5,85€ für Porto drauf gehen, werden wir auf jeden Fall an der Postkarte sparen.	13
20,00 €	Erzähl uns deine Hirschgeschichte in Köln	Wir laden dich am 26.9. zu unserem Konzert im Kölner Underground ein (d.h. freier Eintritt). Du bist unser Gast, hängst mit uns rum, wir geben dir ein paar Getränke aus und wenn du willst erzählst du der Kamera deine persönliche Hirschgeschichte: Wo du unsere Musik zum ersten Mal gehört hast, dein wievieltes Hirsch Konzert das ist oder was dir skurriles auf dem Weg zum Konzert passiert ist.	2

---

[241] vgl.: http://www.startnext.de/the-hirsch-effekt-tourfilm (gesehen am 13.11.2012)

20,00 €	Erzähl uns deine Hirschgeschichte in Oberhausen	Wir laden dich am 27.9. zu unserem Konzert im Oberhausener Druckluft ein ...	2
20,00 €	Erzähl uns deine Hirschgeschichte in Leipzig	Wir laden dich am 28.9. zu unserem Konzert in Leipzig ein ...	2
20,00 €	Erzähl uns deine Hirschgeschichte in Berlin	Wir laden dich am 29.9. zu unserem Konzert in die Berliner Linse ein ...	2

Quelle: http://www.startnext.de/the-hirsch-effekt-tourfilm (gesehen am 13.11.2012)

Die Band hat, ähnlich wie „Pretty Mery K", ein YouTube-Video, ein Songbeispiel über den Player von Soundcloud und Informationen zur Band auf ihrer Startnext-Seite eingebettet. Zusätzlich haben sie fünf Fotos von Livekonzerten hochgeladen und zwei Sponsoren aufgeführt.[242]

„The Hirsch Effekt" hat sieben Blogeinträge und drei Updates während der gesamten Crowdfunding-Phase verfasst. Die Band gibt selbst an, keine relevanten Veränderungen im Spendenverhalten nach den Einträgen auf Startnext gemerkt zu haben. Die Facebook-Einträge jedoch, besonders am Anfang und am Ende, haben, nach Meinung der Band, das Spendenverhalten am meisten beeinflusst. Zusätzlich hat die Band Mails an ihre Fans geschrieben.

Die Blogeinträge wurden meist parallel zu den Facebook-Nachrichten geschrieben. So wurde am 26.6.2012 der erste Blogeintrag verfasst, um den potenziellen Unterstützern mitzuteilen, dass nun die Finanzierungsphase begonnen hat.[243] Zwei ähnliche Einträge wurden an diesem Tag auch auf Facebook veröffentlicht.

Die folgende Tabelle zeigt die Art der Einträge, die während der Zeit des Crowdfundings auf Facebook veröffentlicht wurden. Die Band hatte zur Zeit des Crowdfundings ca. 2300 Fans. Enthalten sind neben der Anzahl der Likes, Kommentare, Shares und dem daraus resultierenden Viralitätsfaktor auch die Anzahl der erreichten Personen.

---

[242] vgl.: http://www.startnext.de/the-hirsch-effekt-tourfilm (gesehen am 13.11.2012)
[243] vgl.: http://www.startnext.de/the-hirsch-effekt-tourfilm/blog/ (gesehen am 13.11.2012)

Datum	Art des Postings	Likes	Kommentare	Shares	Viralitäts-faktor	erreichte Personen
22.6.12	Text mit Hinweis zum Erreichen der Finanzierungsphase bei mindestens 25 Fans auf Startnext und Link zu Startnext	14	7	6	1,17	1715
26.06.12	Text: „Es geht los: Wir sind in der Finanzierungsphase. Sucht euch was schönes aus" und YouTube Video und Link zu Startnext	11	3	2	0,7	1520
26.06.12	Text: „Was geht? Erster Tag und schon habt ihr über 500€ gespendet. Vielen Dank! Und es lohnt sich weiter zu spenden. Bei einer Überfinanzierung werden wir Michael überreden noch länger mitzufahren, damit der Film noch mehr Drama bekommt. MEHR DRAMA BABY!"	32	8	0	1,74	2056
27.06.12	Link zu Startnext und Soundcloud Hörbeispiel	16	4	2	0,96	1582
29.06.12	Text: „Stark! Budget erreicht! Fim wird umgesetzt. Nächstes Etappenziel: 1400€ und Michael Vogelmann begleitet auch den Anfang der Tour." und Link zu Startnext	31	17	1	2,13	1979
03.09.12	Text mit Hinweis, dass das Crowdfunding noch 11 Tage läuft und Links zu drei Albumrezensionen in Musikmagazinen	10	5	1	0,7	2767
13.09.12	Text: „Wir haben für unseren Tourfilm mehr als genug Geld zusammen und sind schwer begeistert. Wer dennoch ein Exemplar ordern möchte hat noch einen Tag die Gelgenheit dazu unter: http://www.startnext.de/the-hirsch-effekt-tourfilm"	12	2	0	0,6	2324

Quelle: https://www.facebook.com/thehirscheffekt (gesehen am 13.11.2012)

Das folgende Diagramm zeigt den zeitlichen Verlauf der Kampagne (x) und die jeweilige Anzahl an Unterstützern pro Tag (y).[244]

---

[244] Daten wurden von „startnext" übernommen: http://www.startnext.de/pretty-mery-k-album/supporter/ (gesehen am 13.11.2012)

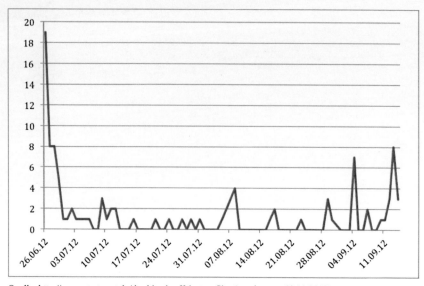

Quelle: http://www.startnext.de/the-hirsch-effekt-tourfilm (gesehen am 13.11.2012)

13. Ergebnisse

Die Geldbeträge, die durch deutsche Crowdfunding-Plattformen zwischen 2011 und 2012 akkumuliert wurden, sind enorm gestiegen. Das zeigt, dass das Thema Crowdfunding in jüngster Zeit in bedeutendem Maße an Zuspruch gewann und Anwendung im Kulturbereich fand.[245]

13.1. Transparenz und Vertrauen

Crowdfunding ist eine Finanzierungsmöglichkeit, die sehr transparent verlaufen muss und direkt mit den potenziellen Unterstützern auf Basis von Vertrauen kommuniziert wird. Wie Sanfilippo und auch beide Best-Practice-Beispiele bestätigen, ist gerade das Einbinden der Unterstützer in den kreativen Prozess ein Anreiz, Crowdfunding zu nutzen und auch erfolgreich abzuschließen. Transparenz und Einbindung der Förderer sind einerseits förderlich um klassische Kundenbindung zu betreiben, und andererseits um festzustellen, welche Ideen und Produkte überhaupt ein Publikum finden, bevor man sie produziert.[246] Gerade die mehrheitlich vorherrschende Form des „Ex-Ante-Crowdfundings", bei dem das Produkt oder die Dienstleistung erst realisiert werden kann, wenn die Finanzierung erfolgreich abgeschlossen wurde, nährt sich vom Vertrauen und Wohlwollen seiner Unterstützer. Ein Beispiel dieser Vertrauensbildung hat „The Hirsch Effekt" in einem Blogartikel im Projektblog auf Startnext geboten, der alle Unkosten für die Unterstützer offenlegt.[247]

---

[245] vgl.: Für-Gründer.de-Monitor. S. 3.
[246] vgl.: Sanfilippo. S. 13.
[247] vgl.: http://www.startnext.de/the-hirsch-effekt-tourfilm/blog/ (gesehen am 13.11.2012)

13.2. Gegenleistungen

Ein Grund für den Erfolg von Crowdfunding-Projekten liegt im Anbieten von erfahrungs- und anerkennungsbasierten Gegenleistungen, welche den Unterstützer stärker am Projekt partizipieren lassen. Dies wurde beim Betrachten der Gegenleistungen der hier untersuchten Best-Practice-Beispiele bestätigt. Die Band „Pretty Mery K" hat beispielsweise 30 Unterstützer für CDs mit persönlicher Widmung à 20 € und 22 Unterstützer für die „einfache" CD à 15 € gefunden. Ebenfalls haben zwei Unterstützer sogar 100 € gezahlt, um im CD-Booklet erwähnt zu werden. Die Unterstützer sind also gewillt, höhere Beträge zu zahlen, um im Gegenzug einen persönlichen Mehrwert der Anerkennung oder Einzigartigkeit zu erzielen. Die Band „The Hirsch Effekt" hat fast ausschließlich erfahrungs- und anerkennungsbasierende Gegenleistungen angeboten, wie z.B. eine Stadttour, Lesestunde, Postkarte vom Auftrittsort, signiertes DVD-Unikat und persönliche Danksagung am Ende des Films.

13.3. Die Kulturbereiche

Hinsichtlich der künstlerischen Sparten, die durch Crowdfunding unterstützt werden, wurde deutlich, dass in Deutschland vor allem die Initiatoren von Veranstaltungen, Aktionen, Kunst, Büchern, Filmen und Musikalben Crowdfunding nutzen.[248] Im Vergleich dazu ist zu erkennen, dass auf der amerikanischen Plattform „Kickstarter" ebenfalls hauptsächlich die Kategorien Film & Video, Musik, Verlagswesen, Veranstaltungen wie Theater und Tanz sowie bildende Kunst unterstützt werden.[249] Dieses Ergebnis korreliert mit den Sparten, die in Deutschland vom klassischen Sponsoring unterstützt werden. Der Bereich bildende Kunst nimmt hierzulande 39,2 % des Sponsoring-Volumens ein und steht somit an erster Stelle.[250] Ein Erklärungsansatz dafür ist, dass die Förderung bildender Kunst für Unternehmen einen beträchtlichen Image- und Prestigegewinn darstellt, welcher für Privatpersonen nicht in dem Maße interessant bzw. gar nicht zu realisieren ist. Anhand der Tabelle aus Kapitel 5.1.4. ist zu

---

[248] vgl.: Eisfeld-Reschke et al. S. 16.
[249] vgl.: Kickstarter Stats. http://www.kickstarter.com/help/stats (gesehen am 13.11.2012)
[250] vgl.: Heusser, Wittig, Stahl. S. 17.

entnehmen, dass sich Sponsoren vor allem auch durch Sachmittel und Dienstleistungen als Unterstützer hervortun und selbst Veranstaltungen für Künstler organisieren und damit kulturelle Förderung demonstrieren.

Es ist zu erkennen, dass gerade die Bereiche für private Unterstützer interessant sind, in denen Gegenleistungen, wie z.B. DVDs von Filmen, Musikalben und Eintrittskarten für Veranstaltungen, geboten werden. Man kann dies auch an den Erfolgsquoten erkennen. So haben Musikalben mit 70 % eine sehr hohe Erfolgsquote bei einer durchschnittlichen Finanzierungssumme von 2699 € im Gegensatz zur Kunst mit 27 % bei durchschnittlich 2266 €.[251] Da die zu erreichenden durchschnittlichen Finanzierungssummen in einem ähnlichen Bereich liegen, kann man den Unterschied hier gut erkennen. Im Gegensatz dazu steht der Bereich Film, welcher mit 33 % auch eine eher geringe Erfolgsquote hat, jedoch auch eine durchschnittliche Finanzierungssumme von 6213 € aufweist, die eine wesentlich höhere Hürde darstellt.[252] Wenn man diese Zahlen mit den Werten aller in Deutschland gestarteten Crowdfunding-Projekte von Januar bis September 2012 vergleicht, die pro Projekt bei durchschnittlich 3225 € Finanzierungssumme eine Erfolgsquote von 42 % aufweisen, liegt der Musikbereich deutlich über dem Durchschnitt und der Filmbereich etwas darunter.[253]

Wie der Tabelle aus Kapitel 9[254] zu entnehmen ist, weisen zur Zeit der Untersuchung Musikalben (mit 2699 € durchschnittlicher Finanzierungssumme), Veranstaltungen (mit 2044 € durchschnittlicher Finanzierungssumme) und Aktionen (mit 2795 € durchschnittlicher Finanzierungssumme) die höchsten Erfolgsquoten im kulturellen Sektor auf. Filme (mit 6213 € durchschnittlicher Finanzierungssumme) und Bücher (mit 5094 € durchschnittlicher Finanzierungssumme) haben deutlich geringere Erfolgsquoten. Man kann daraus ableiten, dass auch die Höhe der gewünschten Finanzierungssumme entscheidend ist für das Gelingen der jeweiligen Crowdfunding-Aktion. Diese These wird auch bei dem Best-Practice-Beispiel „The Hirsch Effekt" belegt. Die Band ist mit einer relativ geringen Finanzierungssumme von 800 € eingestiegen und hat am Schluss 1912 € und damit ein Plus von 139% erhalten.

---

[251] vgl.: Eisfeld-Reschke et al. S. 16.
[252] vgl.: ebd.
[253] vgl.: Für-Gründer.de-Monitor. S. 5f.
[254] vgl.: Eisfeld-Reschke et al. S. 16.

13.4. Kommunikation

Den Ergebnissen der Studie von Agrawal et al. zufolge sollte man gleich am Anfang der Crowdfunding-Aktion versuchen, zunächst die Gruppe der „Family, Friends and Fools" und lokale Unterstützer zu gewinnen, da diese meist in der Startphase investieren. Aber auch alle anderen potenziellen Unterstützer sollten in der Startphase angesprochen werden, da die Beträge der Unterstützer mit den getätigten Investitionen steigen.[255]

Es kann generell festgehalten werden, dass für eine erfolgreiche Crowdfunding-Kampagne möglichst viele Kanäle genutzt werden sollten. Am Beispiel des Crowdfunding-Verlaufsdiagramms der Band „Pretty Mery K" lässt sich erkennen, dass ein großer Teil der Spenden nicht infolge der Facebook-Posts, sondern aufgrund der Konzertankündigungen auf ihrer Tour getätigt wurden. Das lässt sich an der großen Anzahl der Unterstützer während des Zeitraums der Tour erkennen. Das Verlaufsdiagramm der Band „The Hirsch Effekt" zeigt im Vergleich dazu am Anfang und am Ende die höchste Beteiligung. Vor allem die hohe Beteiligung zu Beginn der Kampagne ist mit dem Faktor des viralen Marketings über Facebook zu erklären. Die hohen Viralitätsfaktoren und die große Anzahl der erreichten Personen pro Facebook-Post beweisen, dass hier sehr viele Menschen angesprochen und zu Unterstützern werden können.

Der Vergleich der beiden Bands zeigt auch, dass Kommunikation über Online- und Offlinekanäle zum Ziel führen kann, und beweist, dass eine Kombination beider Kanäle den wohl effektivsten Kommunikationsmix darstellt.

13.5. Ausblick

Crowdfunding wurde in privatrechtlich-kommerziellen und auch in privatrechtlich-gemeinnützigen Kulturbetrieben bereits sehr erfolgreich umgesetzt. Es handelt sich dabei fast ausschließlich um die Finanzierung einzelner Projekte oder Teilprojekte. Anhand der vielen neu entstandenen Online-Portale ist jedoch erkennbar, dass das

---

[255] vgl.: Agrawal et al. S. 10.

Potenzial noch nicht ausgeschöpft ist.[256] So könnte Crowdfunding in Zukunft durchaus auch im öffentlich-rechtlichen Kulturbetrieb für einzelne Projekte zur Anwendung kommen. Zudem könnten junge Kulturbetriebe in ihrer Gründungsphase auch „Revenue-Based-Financing" oder „Micro-Equity" Formen nutzen, um den Aufbau ihres Kultur-Unternehmens zu finanzieren.

---

[256] vgl.: Für-Gründer.de-Monitor. S. 17ff.

14. Literaturverzeichnis

Adler, Carlye. How Kickstarter Became a Lab for Daring Prototypes and Ingenious Products. http://www.wired.com/magazine/2011/03/ff_kickstarter/2/

Agrawal, Ajay/Catalini, Christian/Goldfarb, Avi. Entrepreneurial Finance and the Flat-World Hypothesis: Evidence from Crowd-Funding Entrepreneurs in the Arts. http://www.netinst.org/Agrawal_Catalini_Goldfarb_10-08.pdf (gesehen am 13.11.2012)

Alby, Tom: Web 2.0. Konzepte, Anwendungen, Technologien. München 2008.

Behrendt, Jens/Zeppenfeld, Klaus. Web 2.0. Berlin/Heidelberg 2008.

Bendixen, Peter/Heinze, Thomas: Kultur und Wirtschaft: Perspektiven gemeinsamer Innovation. in: Heinze, Thomas: Kulturfinanzierung: Sponsoring – Fundraising – Public-Private-Partnership. Münster 1999.

boyd, danah m./Ellison, Nicole B. Social Network Sites: Definition, History, and Scholarship. http://onlinelibrary.wiley.com/doi/10.1111/j.1083-6101.2007.00393.x/full (gesehen am 08.11.2012)

Brabham, Daren C.: Crowdsourcing as a Model for Problem Solving. An Introduction and Cases. in: Convergence: The international Journal of Research into New Media Technologies. Convergence 2008 14: 75. http://con.sagepub.com/content/14/1/75 (gesehen am 08.11.2012)

Braun, Günther E./Gallus, Thomas: Kultursponsoring-Management. in: Heinze, Thomas (Hrsg.). Kulturfinanzierung. Sponsoring – Fundraising – Public-Private-Partnership. Münster 1999.

Bruhn, Manfred: Sponsoring. Systematische Planung und integrativer Einsatz.

Wiesbaden 2010.

Colbert, François: Der Kulturbetrieb – ein Systematisierungsvorschlag. in: Klein, Armin: Kompendium Kulturmanagement. Handbuch für Studium und Praxis. München 2011.

Deutscher Bundestag: Schlussbericht der Enquete-Kommission „Kultur in Deutschland". Drucksache 16/7000. Berlin 2007. veröffentlicht unter: http://dip21.bundestag.de/dip21/btd/16/070/1607000.pdf (gesehen am 08.11.2012)

Eisfeld-Reschke, Jörg/Wenzlaff, Karsten. Crowdfunding Studie 2010/2011. Untersuchung des plattformbasierten Crowdfundings im deutschsprachigen Raum Juni 2010 bis Mai 2011. Berlin 2011.

Everett, Craig R.: Group membership, relationship banking and loan default risk: the case of online social lending. http://papers.ssrn.com/sol3/papers.cfm?abstract_id=1114428 (gesehen am 08.11.2012)

Gahrmann, Christian: Strategisches Fundraising. Wiesbaden 2011.

Geiger, Theodor Julius: Die Masse und ihre Aktion. Ein Beitrag zur Soziologie der Revolutionen. Stuttgart 1926.

Gerlach-March, Rita: Kulturfinanzierung. Wiesbaden 2010.

Haibach, Marita: Handbuch Fundraising. Spenden, Sponsoring, Stiftungen in der Praxis. Frankfurt a.M./New York 2006.

Hammann, Peter/Lohrberg, Werner: Beschaffungsmarketing. Eine Einführung. Stuttgart 1986.

Harms, Michael: What Drives Motivation to Participate Financially in a Crowdfunding Community? Thesis Master in Marketing 2006/2007. http://www.grin.com/en/e-book/181293/what-drives-motivation-to-participate-financially-in-a-crowdfunding-community. (gesehen am 08.11.2012)

Heinrichs, Werner: Der Kulturbetrieb. Bildende Kunst – Musik – Literatur – Theater. in: Heinze, Thomas: Kulturfinanzierung. Sponsoring – Fundraising – Public-Private-Partnership. Münster/Hamburg/London 1999.

Heinze, Thomas: Kulturfinanzierung. Sponsorship, Fundraising, Public-Private-Partnership. Münster 1999.

Hemer, Joachim: Crowdfunding und andere Formen informeller Mikrofinanzierung in der Projekt- und Innovationsfinanzierung. Stuttgart 2011.

Heusser, Hans-Jörg/Wittig, Martin/Stahl, Barbara: Kulturengagement von Unternehmen – integrierter Teil der Strategie.
http://www.rolandberger.ch/media/pdf/rb_press/Roland_Berger_Kulturengagement_20
060306.pdf (gesehen am 08.11.2012)

Höhne, Steffen: „Amerika, du hast es besser"? Kulturpolitik und Kulturförderung in kontrastiver Perspektive. Leipzig 2005.

Howe, Jeff: Crowdsourcing. Why the Power of the crowd is driving the future of business. New York 2008.

Janner, Karin: Blog, Facebook, Twitter, YouTube – was soll ich nutzen? Orientierung im Dschungel der Tools. in: Janner, Karin/Holst, Christian/Kopp, Axel: Social Media im Kulturmanagement. Grundlagen. Fallbeispiele. Geschäftsmodelle. Studien. Heidelberg/München/Landsberg/Frechen/Hamburg 2011.

72

Kappel, Tim: Ex Ante Crowdfunding and the Recording Industry: A Model for the U.S. in: Loyola of Los Angeles Entertainment Law Review 29 (3), S. 375-385. http://heinonline.org/HOL/LandingPage?collection=journals&handle=hein.journals/laen t29&div=18&id=&page=. (gesehen am 08.11.2012)

Kleemann, Frank/ Voß , Günter G./ Rieder, Kerstin: Crowdsourcing und der Arbeitende Konsument. in: Arbeits- und Industriesoziologische Studien. Jg. 1. Heft 1. Mai 2008.

www.gesis.org/fileadmin/upload/dienstleistung/fachinformationen/servicepublikationen /sofid/Fachbeitraege/Industrie_Betrieb_09-01_FB.pdf. (gesehen am 08.11.2012)

Kössner, Brigitte: Marketingfaktor Kunstsponsoring. Neue Impulse durch Partnerschaften von Wirtschaft und Kunst. Wien 1999.

Lambert, Thomas/Schwienbacher, Armin: An Empirical Analysis of Crowdfunding. http://ssrn.com/abstract=1578175 (gesehen am 08.11.2012)

Lammenett, Erwin: Praxiswissen Online-Marketing. Suchmaschinenmarketing, Online-Werbung, Affiliate- und E-Mail-Marketing, Social Media, Online-PR. Wiesbaden 2012.

Langner, Sascha: Viral Marketing. Wie Sie Mundpropaganda gezielt auslösen und Gewinn bringend nutzen. Wiesbaden 2009.

Lawton: http://www.huffingtonpost.com/kevin-lawton/democratizing-venture-cap_b_792498.html (gesehen am 7.8.2012)

Lissek-Schütz, Ellen: Fundraising. in: Klein, Armin: Kompendium Kulturmanagement. Handbuch für Studium und Praxis. München 2011.

Lissek-Schütz, Ellen: Kulturfinanzierung in privater Hand – das Beispiel USA. in: Heinze, Thomas: Kulturfinanzierung. Sponsorship, Fundraising, Public-Private-

Partnership. Münster 1999.

Posadowsky, Dorothee: Kultursponsoring. Zwischen Corporate Citizenship und Marketing. in: Ahlert, D./Woisetschläger, D./Vogel, V. (Hrsg.): Exzellentes Sponsoring. Innovative Ansätze und Best Practices für das Markenmanagement. Wiesbaden 2006.

Russ, Christian: Online Crowds – Extraordinary Mass Behavior on the Internet. Proceedings of I-MEDIA '07 and I-SEMANTICS '07, September 2007. http://papers.ssrn.com/sol3/papers.cfm?abstract_id=1620803 (gesehen am 13.11.2012)

Sanders, Geert: Fundraising. Die beziehungsorientierte Methode. Assen 2007.

Sanfilippo, Jessica: Final Project: Crowd Funding and Cultural Production. http://cyber.law.harvard.edu/is2011/sites/is2011/images/Jsanfilippo_Final_Project_V2.pdf (gesehen am 13.11.2012)

Stegbauer, Christian/Jäckel, Michael: Social Software. Formen der Kooperation in computerbasierten Netzwerken. Wiesbaden 2008.

Stenger, Daniel: Virale Markenkommunikation. Einstellungs- und Verhaltenswirkungen viraler Videos. Gießen 2011.

Surowiecki, James: The Wisdom of Crowds. New York 2004.

Tapscott, Don/Williams, Anthony D.: Wikinomics. Die Revolution im Netz: München 2007.

Toepler, Stefan: Kulturpolitik im liberalen Staat. Das Beispiel USA. in: Wagner, Bernd/Zimmer, Annette: Krise des Wohlfahrtsstaates – Zukunft der Kulturpolitik. Bonn/Essen 1997.

Toffler, Alvin: The third wave. New York 1980.

Urselmann, Michael: Fundraising. Professionelle Mittelbeschaffung für Nonprofit-Organisationen. Bern/Stuttgart/Wien 2007.

Voss, Günter/Rieder, Kerstin: Der arbeitende Kunde. Wenn Konsumenten zu unbezahlten Mitarbeitern werden. Frankfurt a.M./New York 2005.

Wauters, Robin. Kickstarter launches another Social Fundraising Platform. http://techcrunch.com/2009/04/29/kickstarter-launches-another-social-fundraising-platform

Welsch, Wolfgang: Unsere postmoderne Moderne. Berlin 2008.

15. Internetadressen

http://rickcolosimo.com/2010/05/crowdfunding-a-startup-rags-or-riches/
Grow VC. 2010. http://www.growvc.com/main/press/GrowVCAndIndiaCo2010-07-06.pdf (gesehen am 8.8.2012)

Für-Gründer.de-Monitor. Crowd funding und Crowd investing in Deutschland. Stand 30. September 2012. http://www.fuer-gruender.de/kapital/eigenkapital/crowd-funding/monitor (gesehen am 13.11.2012)

www.youtube.com
www.flickr.com
www.wikipedia.com
http://newsroom.fb.com/
http://allfacebook.de

www.Twitter.com

www.Google.com

www.sofortüberweisung.de

www.paypal.com

www.clickandbuy.com

www.fidor.de

www.moneybookers.com

www.authorize.net

http://soundcloud.com/

http://delicious.com/

http://digg.com/

http://www.stumbleupon.com/

www.fundable.com

www.kickstarter.com

www.sellaband.com

www.seedmatch.de

http://p2pfoundation.net/Revenue_Based_Financing